世界武器鉴赏系列

反恐装备

鉴赏指南

（珍藏版）

（第2版）

U0275136

《深度军事》编委会　编著

清华大学出版社
北京

内 容 简 介

本书精心选取了世界各国反恐部队的百余款新式经典作战装备，涵盖了枪械、爆破武器、火力支援武器、非致命武器、辅助作战装备和载具六个大类。与此同时，为了增强阅读的趣味性，并帮助读者更深刻地了解反恐装备，还特意加入了无人机、机器人等新式武器。每种反恐装备的研发历史和实用性能均有详细介绍，并罗列了各项基本参数。

本书内容结构严谨、分析讲解透彻，而且图片精美丰富，适合广大军事爱好者阅读和收藏，也可以作为青少年的科普读物。

图书在版编目(CIP)数据

反恐装备鉴赏指南(珍藏版)/《深度军事》编委会编著. —2版. —北京：清华大学出版社，2017（2024.1重印）
（世界武器鉴赏系列）
ISBN 978-7-302-47619-1

Ⅰ. ①反… Ⅱ. ①深… Ⅲ. ①军事装备—世界—指南 Ⅳ. ①E145-62

中国版本图书馆CIP数据核字(2017)第155195号

责任编辑：李玉萍
封面设计：郑国强
责任校对：张术强
责任印制：刘海龙
出版发行：清华大学出版社
　　　　　网　　　址：https://www.tup.com.cn，https://www.wqxuetang.com
　　　　　地　　　址：北京清华大学学研大厦A座　　邮　　编：100084
　　　　　社 总 机：010-83470000　　　　　　　　邮　　购：010-62786544
　　　　　投稿与读者服务：010-62776969, c-service@tup.tsinghua.edu.cn
　　　　　质量反馈：010-62772015, zhiliang@tup.tsinghua.edu.cn
印 装 者：涿州汇美亿浓印刷有限公司
经　　销：全国新华书店
开　　本：146mm×210mm　　　　　　　　　　印　　张：10.375
版　　次：2014年6月第1版　2017年8月第2版　印　　次：2024年1月第5次印刷
定　　价：55.00元

产品编号：072995-01

丛书序 FOREWORD

　　国无防不立，民无防不安。一个国家、一个民族，最重要的两件大事就是发展和安全。国防是人类社会发展与安全需要的产物，是关系到国家和民族生死存亡的根本大计。军事图书作为学习军事知识、了解世界各国军事实力的绝佳途径，对提高国民的国防观念，加强青少年的军事素养有着重要意义。

　　与其他军事强国相比，我国的军事图书在写作和制作水平上还存在许多不足。以全球权威军事刊物《简氏防务周刊》（英国）为例，其信息分析在西方媒体和政府中一直被视为权威，其数据库被各国政府和情报机构广泛购买。而由于种种原因，我国的军事图书在专业性、全面性和影响力等方面还有明显不足。

　　为了给军事爱好者提供一套全面而专业的武器参考资料集，并为广大青少年提供一套有趣、易懂的军事入门级读物，我们精心推出了"世界武器鉴赏系列"图书，其内容涵盖现代飞机、现代战机、早期战机、现代舰船、单兵武器、特战装备、世界名枪、世界手枪、美国海军武器、二战尖端武器、坦克与装甲车等。

　　本系列图书由国内资深军事研究团队编写，力求内容的全面性、专业性和趣味性。我们在吸收国外同类图书优点的同时，还加入了一些独特的表现手法，努力做到化繁为简、图文并茂，以符合国内读者的阅读习惯。

本系列图书内容丰富、结构合理，在带领读者熟悉武器历史的同时，还可以提纲挈领地了解各种武器的作战性能。在武器的相关参数上，我们参考了武器制造商官方网站的公开数据，以及国外的权威军事文档，做到有理有据。每本图书都有大量的精美图片，配合别出心裁的排版，具有较高的观赏性和收藏价值。

前言
PREFACE

　　2001年9月11日，19名恐怖分子劫持4架客机对美国世贸中心和五角大楼发动袭击，这次袭击造成全美新闻机构和空中交通管制的大混乱，被称为"9·11"事件。从此以后，美国反恐战争拉开了序幕。

　　为了应对越来越难以遏制的恐怖活动，世界各国陆续组建了许多反恐怖作战部队，不仅有军方特种部队，也有警察等执法机关的特种部队。随着反恐作战的进行，各国在特种部队建设上的投入也越来越大，而首当其冲的就是在作战装备上的研发和配备。反恐作战部队由于所担负任务的特殊性，其作战装备也与普通部队存在差异。

　　本书精心选取了世界各国反恐部队的百余款新式经典作战装备，涵盖了枪械、爆破武器、火力支援武器、非致命武器、辅助作战装备和载具六个大类。与此同时，为了增强阅读的趣味性，并帮助读者更深刻地了解反恐装备，还特意加入了无人机、机器人等新式武器。每种反恐装备的研发历史和实用性能均有详细介绍，并罗列了各项基本参数。

　　本书紧扣军事专业知识，不仅带领读者熟悉武器历史，而且可以了解武器的作战性能，特别适合作为广大军事爱好者的参考资料和青少年朋友的入门读物。全书共分为7章，内容架构全面合理，并配有丰富而精美的图片。

　　本书是真正面向军事爱好者的基础图书。全书由资深军事团队编写，力求内容的全面性、趣味性和观赏性，关于武器的相关参数还参考了制造商官方网站的公开数据，以及国外的权威军事文档。

　　本书由《深度军事》编委会编著，参与本书编写的人员有阳晓瑜、陈利华、高丽秋、龚川、何海涛、贺强、胡姝婷、黄启华、黎安芝、黎琪、黎绍文、卢刚、罗于华等。对于广大资深军事爱好者，以及有意掌握国防军事知识的青少年，本书不失为最有价值的科普读物。希望读者朋友们能够通过阅读本书，循序渐进地提高自己的军事素养。

目 录
CONTENTS

第 1 章　　反恐装备漫谈 1

反恐装备的发展现状 2

反恐装备的主要分类 5

第 2 章　　反恐枪械 11

美国 M9 手枪 12

美国 M1911 手枪 14

美国柯尔特 M45A1 手枪 16

美国＂我的朋友＂左轮手枪 17

瑞士 SIG P226 手枪 18

德国瓦尔特 PPQ 手枪 19

德国 HK 45 手枪 20

德国 HK P11 水下手枪 22

德国 HK USP 手枪 23

奥地利格洛克 17 手枪 24

奥地利格洛克 19 手枪 25

奥地利格洛克 26 手枪 26

俄罗斯 PB 消音手枪 27

俄罗斯 PSS 消音手枪 28

俄罗斯 SPP-1 水下手枪 29

意大利伯莱塔 92 手枪 30

比利时 FN M1935 手枪 31

捷克斯洛伐克 CZ—75 手枪 32

德国 HK MP5 冲锋枪 33

德国 HK UMP 冲锋枪 35

德国 HK MP7 冲锋枪 36

英国斯特林 L2A3 冲锋枪 37

以色列乌兹冲锋枪 39

比利时 FN P90 冲锋枪 41

美国 CQBR 卡宾枪 43

美国 M4 卡宾枪 45

美国 XM29 单兵战斗武器 46

美国 M14 自动步枪 47

美国 M16 突击步枪 49

美国 Mk 14 增强型战斗步枪 51

英国李－恩菲尔德 L42A1 步枪 52

英国 SA80 突击步枪 53

俄罗斯 AK—47 突击步枪 54

俄罗斯 APS 水下突击步枪 56

德国 HK G3 自动步枪 57

德国 HK33 突击步枪 58

德国 HK G36 突击步枪 59

德国 HK416 突击步枪 61

比利时 FN SCAR 突击步枪 63

以色列"墙角枪" 65

以色列 TAR—21 突击步枪 66

加拿大 C7 突击步枪 67

美国 M21 狙击步枪 68

美国 M24 狙击步枪 69

美国 M25 狙击步枪 71

美国 M40 狙击步枪 72

美国 M110 半自动狙击步枪 73

美国 M2010 增强型狙击步枪 74

美国雷明顿 MSR 狙击步枪 76

美国 SR–25 狙击步枪 77

美国 TAC–50 狙击步枪 78

美国巴雷特 M82 狙击步枪 79

英国 AW 狙击步枪 81

英国 L129A1 精确射手步枪 82

瑞士 SIG SSG 3000 狙击步枪 83

比利时 FN Minimi 轻机枪 84

比利时 FN MAG 通用机枪 86

美国 M2 重机枪 87

美国 M60 通用机枪 89

美国 M249 轻机枪 91

美国 Mk 48 通用机枪 93

美国 M134 迷你炮机枪 94

以色列 Negev 轻机枪 95

美国雷明顿 870 霰弹枪 97

美国莫斯伯格 500 霰弹枪 98

意大利 M4 Super 90 霰弹枪 100

第 3 章　爆破反恐武器 **101**

美国 M26 手榴弹 102

美国 M67 手榴弹 103

美国 GBU–39 小直径炸弹 104

美国 "炸弹之母" 106

美国 BLU–118B 温压弹 108

俄罗斯 RGD–5 手榴弹 109

俄罗斯 RG–42 手榴弹 110

南非 M32 MGL 榴弹发射器 111

美国 M79 榴弹发射器 113

美国 M203 榴弹发射器 115

美国 M320 榴弹发射器 117

美国 Mk19 自动榴弹发射器 119

美国 Mk 47 自动榴弹发射器 121

比利时 FN 40GL 榴弹发射器 122

德国 HK GMG 自动榴弹发射器 124

俄罗斯 RPG-7 反坦克火箭筒 125

德国 HK79 附加型榴弹发射器 127

德国 HK AG36 附加型榴弹发射器 128

新加坡 CIS 40 GL 附加型榴弹发射器 129

美国 FGM-148 "标枪" 导弹 130

美国 BGM-71 "陶" 式导弹 132

美国 BGM-109 "战斧" 导弹 134

美国 AGM-114 "地狱火" 导弹 135

美国 M61 火神式机炮 137

瑞典卡尔·古斯塔夫无后坐力炮 138

美国 M18A1 "阔刀" 地雷 140

美国 M72 轻型反装甲武器 141

美国 M224 迫击炮 142

美国 XM25 反防御目标应对系统 144

瑞典 AT-4 反坦克火箭筒 146

美国 "弹簧刀" 无人机 148

美国 MQ-1 "掠食者" 无人机 149

第 4 章　反恐火力支援武器 **151**

英国／美国 AV-8B "海鹞 II" 攻击机 152

美国 F/A-18 "大黄蜂" 战斗攻击机 154

美国 F-117 "夜鹰" 战斗攻击机 156

美国 A-10 "雷电 II" 攻击机 157

美国 AC-130 "空中炮艇" 攻击机 159

美国 B-1 "枪骑兵" 轰炸机 160

美国 B—52 "同温层堡垒" 轰炸机 161

美国 F—111 "土豚" 战斗轰炸机 163

美国 B—2 "幽灵" 战略轰炸机 165

美国 F—15E "攻击鹰" 战斗轰炸机 167

美国 F—15 "鹰" 式战斗机 169

美国 F—16 "战隼" 战斗机 170

美国 F—22 "猛禽" 战斗机 172

美国 V—22 "鱼鹰" 倾转旋翼机 174

法国 "阵风" 战斗机 176

法国 "超军旗" 攻击机 178

法国 "幻影 F1" 战斗机 179

法国 "幻影 2000" 战斗机 180

俄罗斯米格 —17 "壁画" 战斗机 182

俄罗斯米格 —25 "狐蝠" 战斗机 183

俄罗斯米格 —29 "支点" 战斗机 184

巴西 A—29 "超级巨嘴鸟" 攻击机 186

欧洲 "狂风" 战斗机 187

英法 "美洲豹" 攻击机 189

美国 M107 自行火炮 190

法国 CAESAR 自行火炮 191

德国 PzH—2000 自行火炮 193

第 5 章 非致命武器 195

美国泰瑟手枪 196

美国 "闪耀" 来复枪 197

美国发光二极体制伏器 198

美国 BB 手枪 198

捷克共和国 SF1 "海妖" 非致命武器 199

美国黏性泡沫枪 200

美国机器龙虾 201

美国 XM1063 炮弹 202

法国催泪弹 202

美国主动拒止系统 203

比利时 FN 303 非致命性弹药发射器 204

第 6 章　反恐辅助作战装备 205

美国一体化防弹头盔 206

德国 Raptor 特种眼镜 207

美国 Mechanix Wear 手套 208

美国 HRT 战斗靴 209

美国模块化集成通信头盔 210

美国 AN/PEQ-15 瞄准器 211

美国 ACOG 瞄准镜 212

美国 MS 2000 频闪求生信号灯 214

美国 AN/PVS-14 夜视仪 215

美国 Kill Flash 防反光装置 217

美国沃克公司 "战术耳" 218

美国 Collarset II 隐藏通信器 219

美国 LVIS v5 通信器 220

美国 Leupold "沙漠风暴" 双筒望远镜 221

美国 CamelBak 水袋 222

美国 AOR 迷彩作战服 223

挪威 "黑色大黄蜂" 无人机 224

美国 MQ-9 "收割者" 无人机 226

美国 RQ-7 "影子" 无人机 228

美国 RQ-11 "渡鸦" 无人机 230

美国 RQ-14 "龙眼" 无人机 232

美国 RQ-20 "美洲狮" 无人机 233

以色列 "侦察兵" 无人机 235

以色列 "苍鹭" 无人机 236

德国 "月神" X-2000 无人机 238

德国 "阿拉丁" 无人机 240

德国 KZO 无人机 241

美国"魔爪"无人车 243

美国"龙腾"无人车 245

以色列"先锋哨兵"无人车 247

英国"防御者"无人车 248

英国"独轮手推车"无人车 249

俄罗斯"天王星"9 无人车 251

美国"阿特拉斯"机器人 252

美国"沙蚤"机器人 254

美国 RHex 机器人 255

美国"小熊"机器人 257

美国"小狗"机器人 258

第 7 章　　反恐载具 **259**

美国 HMMWV 装甲车 260

美国"斯特赖克"装甲车 262

美国 V–100 装甲车 263

美国 M1117"守护者"装甲车 264

美国 AAV–7A1 两栖装甲车 266

美国 RG–31 防地雷装甲车 268

美国 M113 履带式装甲人员输送车 270

美国"水牛"地雷防护车 271

美国沙漠侦察车 273

美国防地雷反伏击车 275

美国先进轻型突击车 276

美国 Mk Ⅴ 特种作战艇 277

美国 LCAC 气垫登陆艇 278

美国"海豹"运输载具 280

美国 AH–1"眼镜蛇"直升机 281

美国 AH–6 /MH–6"小鸟"直升机 283

美国 AH–64"阿帕奇"直升机 285

美国 CH-47 "支奴干" 直升机 287

美国 MH-53 "低空铺路者" 直升机 289

美国 UH-60 "黑鹰" 直升机 291

俄罗斯米 -24 "雌鹿" 直升机 293

俄罗斯米 -35 "雌鹿 E" 武装直升机 295

俄罗斯 BMD-2 伞兵战车 297

俄罗斯 BTR-60 轮式装甲输送车 299

俄罗斯 BTR-80 装甲车 300

俄罗斯 BPM-97 装甲输送车 302

英国 "撒拉森" 装甲车 303

法国 VBL 装甲车 304

法国 "艾瑞维斯" 多用途装甲车 305

以色列 "狼" 式装甲车 306

以色列 "沙猫" 装甲车 307

德国 "澳洲野犬 2" 装甲车 309

德国 "拳击手" 装甲运兵车 310

德国 SdKfz 251 半履带式装甲输送车 311

瑞士 "食人鱼" 装甲车 312

南非 "山猫" 装甲车 314

澳大利亚 "大毒蛇" 装甲车 315

参考文献 316

第1章
反恐装备
漫谈

　　当今世界整体局势趋于和平，但恐怖活动一直广泛存在于世界各国隐秘角落，甚至有些已经严重危害到相关国家的安全。为了应对越来越难以遏制的恐怖活动，各式各样的武器装备被研发出来用于反恐作战。从主战武器到通信装备，各类反恐装备形式多样，令人咋舌。

反恐装备的发展现状

　　当代恐怖主义兴起于 20 世纪 60 年代末，盛行于 20 世纪 70 年代，猖獗于 20 世纪 80 年代以后。有人把这股恐怖主义狂潮称为"20 世纪的政治瘟疫"，也有人把它和政治腐败、环境污染并称为 21 世纪人类面临的三大威胁。为了打击恐怖活动，世界各国陆续组建了许多反恐怖作战部队，不仅有军方特种部队，也有警察等执法机关的特种部队，最早的反恐作战部队在使用武器的时候存在两种现象，一种直接使用部队的军用装备，另一种使用警察部队制式武器。由于反恐部队的主力军种是特种兵，因此特战装备成了常用的反恐武器装备。

反恐战场上的作战环境

　　不过随着反恐战争的进行，这些特战武器的问题便逐渐暴露出来，特战武器巨大的威力，常常造成在执行小空间战斗时出现击穿恐怖分子或者墙体等物从而造成人质受伤甚至死亡等事件。这种种问题让各国意识到反恐武器不能单单套用现有武器，必须根据反恐作战的特点来有选择性地装备武器。经过几十年的发展，目前各国已经发展出了各种各样针对不同反恐作战而研制的装备武器。

　　枪械是步兵的主要武器，同时也是其他兵种的辅助武器，这种小型射击武器几乎包办了所有人对人的战斗，由于能适应包括水下在内的各种作战环境，枪械在现代战争中的地位尤为重要。

在伊拉克战场上的士兵

　　除了枪械这类小型武器，爆破武器也是反恐战争中不可或缺的。由于便携性强、可靠性高，爆破武器常常能有效地为士兵提高整体作战能力。在现代立体化战争中，火力始终是战斗力的核心，反恐战争也不例外。作为夺取战场主动权的有效手段，谁拥有强大的火力支援优势，谁就会获得战场优势。战机与火炮是典型的火力支援武器代表，它们以火力强、灵活可靠和通用性好等优点，成为战斗行动的主要内容和左右战场形势的重要因素。火力支援武器既可以摧毁地面各种目标，也可以击毁空中的飞机和海上的舰艇。

　　除此之外，由于现代社会的某些治理理念需要，有时候军队进入敌国领土，面对充满敌意但是却无法识别的平民，就不得不使用非致命性武器确保军事行动符合国际交战法理。

　　在现代的全球性反恐战争中，世界各国都极力通过各种途径提升特种部队的战斗力，其中最重要的途径之一便是配备先进的特种作战装备。这类先进的特种作战装备常常被用于辅助作战，借助这些装备，特种部队的机动力、隐蔽性、生存力和杀伤力都会大大提高，战斗效用也更加显著。部署在前线的特种部队士兵经常会有机会接触并使用到来自世界各地的最新高技术武器、通信装备、单兵装备和传感器等。他们将相关信息通过各军种特种作战司令部反映到其国家特种作战司令部，以进行评估，甚至有可能将新装备集成到现役武器装备中。

全副武装的美国海军陆战队队员

在反恐战争中美国士兵装备的头盔

在进行反恐作战时,士兵常常会遇到不同的作战环境。三栖作战能力是当今世界上特种部队的必备技能,除了空中直升机、装甲运输车,水上载具也是必不可少的,特别是对于一些海军特种部队来说,舰艇和潜水装备是实现快速打击目标的不二法宝。

美军部署在阿富汗的 CH-47 直升机

"海豹"突击队使用登陆艇

反恐装备的主要分类

枪械

枪械是一种利用火药燃气能量发射弹丸、口径小于 20 毫米的身管射击武器。

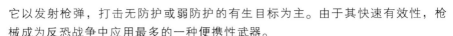
它以发射枪弹，打击无防护或弱防护的有生目标为主。由于其快速有效性，枪械成为反恐战争中应用最多的一种便携性武器。

19 世纪末开始出现自动枪械，并被应用到第一次世界大战之中。到了二战，参战各国都装备了大量的枪械，二战结束之后，枪械设计和制造工艺得到飞速发展。枪械又分为手枪、冲锋枪、突击步枪、狙击步枪、机枪及霰弹枪。

手枪是一种由单手握持的小型枪械，在反恐战争中主要用于近战和自卫，发射威力较小的手枪弹。冲锋枪是一种发射手枪弹的短枪管轻型自动武器，有着短小轻便、火力凶猛、携弹量大的特点，是一种非常有效的冲击和反冲击武器。作为现代士兵的标准武器装备，步枪主要用于发射枪弹，杀伤暴露的有生目标。有的步枪还可发射枪榴弹，具有点面杀伤和反装甲能力。霰弹枪的外形与半自动步枪相似，是一种没有膛线的发射霰弹的枪械，许多霰弹枪具有多种用途，不但能够发射霰弹，而且还能用来发射其他弹药，比如催泪弹、木棍弹等。机枪是一种快速连续射击的全自动枪械，可分为轻机枪、重机枪以及通用机枪等。

可用于水下作战的 SPP-1 手枪

爆破武器

除了必备的枪械外，还有一种用于增援和加大己方火力的武器——爆破武器。从二战至今，爆破武器的发展日新月异，性能和威力更是得到了前所未有的提高，爆破武器包括手榴弹、榴弹发射器、导弹、火箭筒等具有火力杀伤的武器。

手榴弹是一种使用较广、用量较大的小型手投弹药。它既能杀伤有生目标，又能破坏坦克和装甲车辆。目前，世界各国军队几乎都装备和使用手榴弹。由于具有体积小、质量小、使用方便等特点，手榴弹的品种不断增多，应用范围也不断扩大。

作为一种发射小型榴弹的轻武器，榴弹发射器有较强的面杀伤威力和一定的破甲能力，主要用于毁伤开阔地带和掩蔽工事内的有生目标及轻装甲目标。同样作为爆破武器，导弹是现代高科技的结晶，具有不同于一般进攻性武器的突出特点，在反恐战场上，由于作战环境的特殊性，主要是以便携性导弹作为士兵常规装备。

装在"山猫"装甲车上的 HK GMG 榴弹发射器

火力支援武器

对执行反恐任务的特种部队来说，拥有强大的火力支援是他们的制胜法宝。火力支援是反恐行动中的火力突击，主要包括航空火力支援与地面火力支援。在第二次世界大战中，航空火力支援得到广泛的运用。交战双方都把它作为航空兵的基本任务之一。航空火力支援武器有战斗机、轰炸机与攻击机，地面火力支援武器有火炮等。这些武器主要是为士兵突击创造条件。冲击的火力支援需要与火力准备紧密衔接，以不间断的火力压制目标，支援部队向预定目标攻击。

AC-130 投射热焰弹

非致命武器

非致命武器是指为达到使人员或装备失去功能而专门设计的武器系统。非致命武器最初是在 1999 年获得重视的，在经历了最初阶段的默默无闻之后，非致命武器被各国政府逐渐重视，它的研发也得到大量支持，之后便出现了各种不同用途的非致命武器。常见的用于骚乱控制的武器主要以防暴枪为主，而反恐战场上更多的则是电击武器和催泪喷射器。

军事演习中出现的烟幕弹

辅助作战装备

除了主要装备外，在打击恐怖活动时，特种部队常常配有标识性的服饰，如法国国家宪兵干预队 (GIGN) 在执行反恐作战任务时，总是身着黑色战斗服，因此被世人称为"黑衣人"。除了能适应各种作战环境的服饰外，特战队员通常还要配备实用性极强的背包，用以携带各种作战装备。特种部队要想克敌制胜，还要事先获取目标信息，因此监视目标行动是必不可少的环节。在海湾战争中，美、英、法等国陆军现役战术通信装备大多投入使用，并发挥了重要作用。但也暴露出一些问题，主要是新老装备之间互通性差，有些装备受自然环境影响大，而且保密性和抗干扰能力也不强。因此辅助作战装备的通信功能与抗电子干扰能力必不可少。在当前和未来的数字化战场环境下，特战队员是作为战场信息网中的一个节点、一个终端、一个单兵系统来使用的，因此通信设备将发挥重大作用。

美国士兵在阿富汗战场执行侦察任务

载具

特种部队深入敌后行动必须隐蔽、快速、机动，为此不少国家研制了各种不同类型的载具。这些载具能够将士兵输送到不同的作战环境。如 Mungo 战车（可用 CH–53 直升机空运），是一种装甲越野运输车，可装载 10 名全副武装的士兵，还可防步兵地雷和北约口径约 7.62 毫米制式弹药的攻击。这些载具除了具备一定的防护力之外，特殊情况下还可用于作战。如 UH–60 "黑鹰"通用直升机，在 1991 年的海湾战争中，成为史上规模最大的直升机空运行动的主力，超过 300 架直升机向伊拉克沙漠中的"眼镜蛇"着陆场进行了突击运输。此外 UH-60 还参加了 2001 年美军入侵阿富汗的行动，以及 2003 年对伊拉克的占领。

部署在阿富汗战场的"悍马"

飞行在伊拉克上空的 UH-60 直升机

第 2 章
反恐枪械

　　枪械是指口径小于 20 毫米的身管射击武器，是反恐作战中一种方便有效的便携性武器。枪械有不同种类，按照性能及作战用途等分类，枪械又分为手枪、步枪、冲锋枪、霰弹枪和机枪。枪械的有效使用能够极大地提高士兵的战斗力。

美国 M9 手枪

伯莱塔 M9 手枪是美军在 1990 年开始装备的制式手枪，由意大利伯莱塔公司生产。

研发历史

1978 年，美国空军提出需要采用一种新的 9 毫米口径半自动手枪，用以取代老旧的 M1911 手枪，多家著名枪械公司参加了选型试验。1980 年，美国空军官方宣布伯莱塔公司的 92S-1 手枪比其他公司的略好。此时，美国其他军种也正在寻找新的辅助武器，于是更严格的一轮试验又开始了，这次伯莱塔公司送交的型号为 92SB-F，之后更名为 92F。1985 年 1 月，美国陆军宣布伯莱塔 92F 胜出，并将其选为制式手枪，正式命名为 M9。2003 年，军方推出 M9 的改进型，名为 M9A1。

基本参数	
口径	9 毫米
全长	217 毫米
枪管长	125 毫米
空枪重量	952 克
有效射程	50 米
枪口初速	353.56 米 / 秒
弹容量	15 发

性能解析

M9 手枪沿用 92F 的设计，采用短行程后座作用原理、单 / 双动扳机设计，以 15 发可拆式弹匣供弹，保险制及弹匣释放钮左右两面皆可操作。M9 手枪的套筒座，包括握把都是由铝合金制成的，不过为了减轻枪身的重量，握把外层的护板是木质的。M9 手枪在保险装置上改用了摇摆杆。扳机护圈的增大，即便是戴上手套扳动扳机也非常顺手。

M9 手枪的特点是可维修性好，故障率低，就算是在恶劣的作战环境中也具有良好的适应性。

海军陆战队正在使用 M9 手枪进行射击训练

士兵正在使用 M9 执行任务

美国 M1911 手枪

M1911 是美国柯尔特公司于 20 世纪初研制的半自动手枪，1911 年开始在美军服役直到现在。

研发历史

M1911 的研制计划可以追溯到 19 世纪末，当时美军装备的柯尔特 9 毫米口径左轮手枪由于性能不够理想，所以美军决定研制一种新型手枪来装备军队。

1907 年，美国正式招标 11.43 毫米口径手枪作为新一代的军用制式手枪，在对该手枪

基本参数	
口径	11.43 毫米
全长	210 毫米
枪管长	127 毫米
空枪重量	1105 克
有效射程	50 米
枪口初速	251.46 米 / 秒
弹容量	7 发

的项目竞标中，柯尔特公司和萨维奇公司的手枪被美国军方选中，随后两家公司的产品便进入试验和改进中。在 1910 年末的 6000 发子弹射击试验中，柯尔特的样枪射完子弹没有出现任何问题，而萨维奇公司的样枪则出现 37 次故障，最后柯尔特公司胜出。1911 年 3 月 29 日，柯尔特公司的手枪正式成为美国陆军的制式手枪，定型为 M1911，并且在 1913 年成为美国海军陆战队的制式手枪。

性能解析

M1911 手枪的基本动力是后坐力。其操作原理是利用子弹内发射药物的燃烧气体将弹头推出枪管，此时锁在一起的枪管与套筒受后坐力牵引开始向后滑。弹头射出后，枪管与套筒继续一起向后滑一小段距离，然后枪管尾端以铰链为轴向下摆动。M1911 手枪采用双重保险设计，其中包括手动保险和握把式保险。

手动保险在枪身左侧，处于保险状态时击锤和阻铁都会被锁紧。握把式保险则需要用掌心保持按压力度才能保持战斗状态，松开保险后手枪就无法射击。

M1911 手枪分解图

金杯国家比赛版本的 M1911

美国柯尔特 M45A1 手枪

M45A1 是由美国枪械公司柯尔特生产公司以 M1911 为蓝本研制及生产的近身距离作战手枪。

研发历史

由于 MEU(SOC) 手枪的部件磨损和撕裂，而美国海军陆战队武装侦察部队和美国海军陆战队特种作战部队司令部的人员越来越多，美国海军陆战队试图寻找 MEU(SOC) 手枪的替代品。

2010 年，海军陆战队方面发出了一个以现成的 M1911 手枪系统，取代定制组建的手枪的要求。随后，柯尔特公司便以 M1911 手枪为蓝本，设计了一款全新手枪——柯尔特磁道炮手枪。柯尔特公司将该枪交予海军陆战队进行测试，经测试后，该枪的各项性能均符合他们的要求，于是便采用了该枪，并命名为 M45A1 手枪。

基本参数	
口径	11.43 毫米
全长	215.9 毫米
枪管长	127 毫米
空枪重量	1034.76 克
有效射程	50 米
枪口初速	310 米 / 秒
弹容量	7 发

性能解析

M45A1 手枪是一把全尺寸型号的 M1911 手枪，采用单一的全尺寸型复进簧导杆，以及串联式复进簧组件，因此需要在套筒的前面留下多条锯齿状突起的防滑纹以加强其在强大压力下的抗变形力。M45A1 底把和套筒都是由锻压钢制造。在套筒下、扳机护圈前方的底把防尘盖上整合了一条 MIL-STD-1913 战术导轨，提供了安装各种战术灯、激光瞄准器和其他战术配件的通用性，使得它成为一把容易适应任何军事行动或执法需要的战术手枪。

美国"我的朋友"左轮手枪

　　"我的朋友"（My friend）左轮手枪是美国人詹姆斯·里德（James Reid）于 19 世纪设计的，名称和外形都极为独特。

　　"我的朋友"左轮手枪一共有三种弹药，即 .22 short（5.6 毫米）、.32 short RF（8 毫米）和 .41 short RF（10.3 毫米）。不过，从结构上来说，只要符合口径、弹长小于弹膛长度的凸缘弹通常都能发射。出于美观考虑，"我的朋友"左轮手枪通常会在枪身表面镀银或镀金，并饰有精美的图案。

镀金枪身的"我的朋友"左轮手枪

"我的朋友"枪口特写

瑞士 SIG P226 手枪

SIG P226 是一把由德国枪械公司 SIG 公司研制及生产的一把全尺寸军用型半自动手枪。

研发历史

美国陆军在 1984 年代表美国军队寻求一款用以取代 M1911A1 的 XM9 军用手枪的计划，SIG P226 手枪就是为了这一计划而设计的。当时只有伯莱塔 92F 和 SIG P226 手枪圆满完成了试验。随后美国海军海豹突击队选择采用 P226 手枪的衍生型。P226 海军型作为

基本参数	
口径	9 毫米
全长	196 毫米
枪管长	112 毫米
空枪重量	964 克
有效射程	50 米
枪口初速	350 米 / 秒
弹容量	10/15/17/18/20 发

制式武器之一，虽然装备多年但是都没有正式名称。P226 手枪有多种衍生型，在 2010 年的 SHOT Show 中，SIG 公司还推出了 P226 E2 增强人体工学型。P226 手枪及其衍生型在世界各地多个执法机关和军事组织之中服役，是目前世界上综合性能最好的手枪之一。

性能解析

P226 手枪采用由约翰·勃朗宁首创的后膛闭锁枪管短行程后坐作用模式以使全枪正常运作。在枪身左侧和弹匣释放按钮的上方装有待击解脱杆，它可以降低外置式击锤以锁上全枪。目前的标准型 P226 使用黑色阳极氧化处理的新型不锈钢套筒，在膛室装弹或是发射子弹时，套筒会使击锤自动地向后方拉下。P226 手枪没有手动保险装置，但是其击锤也可以随时由使用者以手动方式拉下，然后在单动操作模式下射击。

德国瓦尔特 PPQ 手枪

　　瓦尔特 PPQ 是由德国瓦尔特公司为民间射击、安全部队和执法机关取代瓦尔特 P99 而研制和生产的半自动手枪。

研发历史

　　PPQ 手枪于 2011 年由瓦尔特公司研制及生产，但是 PPQ 并非是一款全新设计的手枪，由于是瓦尔特 P99 的产品发展型，PPQ 使用了与在 1996 年推出的瓦尔特 P99 手枪的衍生型 P99QA 相同的工程学原理和主要特点，并且保持着与 P99 的瞄准具和 P99 的第二代弹匣以及其他配件的兼容性。

基本参数	
口径	9 毫米
全长	180 毫米
枪管长	102 毫米
空枪重量	615 克
有效射程	50 米
枪口初速	408 米 / 秒
弹容量	10/15/17 发

性能解析

　　PPQ 是一种枪管短行程后坐闭膛式半自动手枪，使用勃朗宁凸轮闭锁系统。PPQ 具有一个玻璃钢增强聚合物材料制造的底把和钢制套筒组件。所有金属表面都经过镍铁表面处理，使得它可以轻松被分解，若是在没有工具帮助的情况下，只按下分解扣就能够不完全分解。

　　PPQ 的扳机扣力完全是由扳机和分离弹簧而定。在扣动扳机射击以后，只要稍微松开扳机并且再次扣动就可以击发下一发子弹，满足了使用者在射击时的准确性和对快速射击的需求。PPQ 的握把使用模块化设计，可以换装 3 种可更换式后方握把片，这样就令使用者可以因其手掌大小而调节握把的形状和尺寸，适合不同的手形。

德国 HK 45 手枪

　　HK 45 是由德国军火制造商黑克勒 – 科赫于 2006 年设计、2007 年生产的半自动手枪。

研发历史

　　HK 45 手枪的设计目的是要满足美军"联合战斗手枪"计划之中的各项要求。该计划打算为美国特种部队更换一种可以发射 11.43 毫米口径 ACP 普通弹、比赛级弹和高压弹的半自动手枪，并且取代 M9 手枪。

　　不过，"联合战斗手枪"计划在 2006 年被中止，M9 手枪仍然是美军的制式手枪。但 HK 公司继续改进 HK 45，并把它投入商业、执法机关和军事团体的市场，利用更合适的价格重新装备至美国三军的士兵。

基本参数	
口径	11.43 毫米
全长	191 毫米
枪管长	115 毫米
空枪重量	784 克
有效射程	40 ~ 80 米
枪口初速	260 米 / 秒
弹容量	10 发

性能解析

　　HK 45 是一把全尺寸型号手枪，大量使用新型材料和新技术加工工艺，加上良好的人机工效设计，从而使得该枪的操作十分方便快捷，并且具有优良的功能扩展性。与 P2000 一样，HK 45 也有可更换的握把背板，以适应使用者的手掌大小。为了更符合人体工学,HK 45 使用容量 10 发的专用可拆式双排弹匣。

　　HK 45 全枪分解以后只有五大部件，包括套筒组件、枪管组件、复进簧组件、握把组件和弹匣组件，没有细小、容易丢失的零件。套筒是全枪最大的金属部件，由一整块合金钢铣削而成，无论是外部还是内部都看不到明显的刀痕；枪管采用优质合金钢制成，膛室和膛线均按照比赛等级手枪的精度要求设计，射击精度可以媲美比赛手枪。

HK 45 手枪及枪盒

HK 45 手枪及弹匣

德国 HK P11 水下手枪

HK P11 是德国武器制造商 HK 公司生产的一款水下手枪。

研发历史

到目前为止，HK 公司从没有正式公布过这支秘密研制的水下手枪的资料。不过有资料指出 P11 手枪是在 1970 年研制，并在 1976 年开始投入使用。据说除德国的战斗蛙人部队外，P11 手枪已经供应给英国、挪威、荷兰、丹麦和以色列，而美国特种部队也至少已经购买了 100 支 P11 手枪。

基本参数	
口径	7.62 毫米
全长	200 毫米
枪管长	146 毫米
空枪重量	1200 克
水面射程	30 米
水下射程	10 ~ 15 米
弹容量	5 发

性能解析

P11 手枪的弹容量是 5 发 7.62×36 毫米口径的火箭弹，没有弹匣，不能自动装填，子弹密封在弹膛兼枪管内，靠电击发。由于没有弹匣，枪管和弹匣是整个更换的。HK P11 的枪声比 MP5SD 略大，水面射程 30 米，水下射程则为 10 ~ 15 米。

德国 HK USP 手枪

USP 是德国武器制造商 HK 公司研发的半自动手枪。

研发历史

　　HK 公司本来试图以过去开发成功的枪支优点作为之后开发手枪的参考，其中包括拥有独特扳机构造的 P7、纯双动扳机模式的 P9S 和 VP70Z 等。1993 年 HK 公司成功研发出了 USP 手枪后，同时也代表着 HK 公司首次吸收了许多传统手枪的设计元素，如约翰·勃朗宁的 M1911。USP 主要根据两个原则设计而成，

基本参数	
口径	9 毫米
全长	194 毫米
枪管长	108 毫米
空枪重量	748 克
有效射程	50 米
枪口初速	340 米 / 秒
弹容量	12/13/15 发

一是聚合物料作为原料；二是范式手枪的创造。USP 手枪已经被世界各国的警察或者军队使用，并在多次反恐战争中有不俗表现。

性能解析

　　USP 手枪由枪管、套筒座、套筒、弹匣和复进簧组件 5 个部分组成，共有 53 个零件。其滑套是以整块高碳钢加工而成，表面经过高温和氮气处理，具有很强的防锈和耐磨性。该枪的枪身由聚合塑胶制成，为避免滑套与枪身重量分布不均，在枪身内衬了钢架降低重心，以增强射击稳定性。

　　USP 手枪的撞针保险和击锤保险是模块式的，且扳机组带有多种功能，能由射手的习惯自行选择。USP 手枪的结构合理，动作可靠，经过双重复进簧装置抵消后坐力，其快速射击时的精度也大大提高，而且还可加装多种战术组件，大大增强了在特殊环境下的作战性能。

奥地利格洛克 17 手枪

格洛克 17 是奥地利格洛克公司研制的第一种手枪，被世界上数十个国家的军队和执法机构所采用。

研发历史

格洛克 17 手枪是应奥地利陆军的要求而研制，用以取代瓦尔特 P38 手枪。格洛克 17 手枪在 1980 年开始设计，1983 年成为奥地利陆军的制式手枪，被命名为 P80。格洛克 17 手枪经历过 4 次不同程度的修改，第四代格洛克 17 手枪于 2010 年推出，其套筒上有 Gen4 字样。

基本参数	
口径	9 毫米
全长	202 毫米
枪管长	114 毫米
空枪重量	625 克
有效射程	50 米
枪口初速	370 米 / 秒
弹容量	10/17/19/31/33 发

性能解析

格洛克 17 及其衍生型手枪都以可靠性著称。因为坚固耐用的制造工艺和简单化的设计，它们在一些极端的环境下也能正常运作，并且能使用相当多种类的子弹，还可改装成冲锋枪。另外，它的零件不多，因此维修相当方便，发射的舒适性也给它带来了不少人气。

第四代格洛克 17 手枪为了提高人机工效，采用新纹理，握把由粗糙表面改为凹陷表面，而握把略为缩小，还可以更换握把片以调整握把尺寸，更适合不同的手形。套筒内部的复进簧改为双复进簧式设计，不仅降低了后坐力还提高了枪身的寿命。

奥地利格洛克 19 手枪

　　格洛克 19 是由奥地利格洛克公司设计及生产的半自动手枪，是格洛克 17 的紧凑型版本。

研发历史

　　格洛克 19 手枪于 1988 年设计，1990 年成为瑞典军队的制式手枪，被命名为 Pistol 88B（Pistol 88 是格洛克 17 的军队编号）。格洛克 19 手枪目前大量被警察、特种警察部队及特种部队使用，是目前全球执法单位使用最多的手枪之一。

基本参数	
口径	9 毫米
全长	174 毫米
枪管长	102 毫米
空枪重量	595 克
有效射程	50 米
枪口初速	375 米 / 秒
弹容量	10/15/17/19/31/33 发

性能解析

　　格洛克 19 经历了三次修改版本，最新的版本称为第四代格洛克 19 手枪，1999 年开始，新推出的格洛克 19 在套筒下前方设有导轨，以安装各种战术配件，握把上亦有手指凹槽。和所有格洛克手枪一样，格洛克 19 有三个安全装置。格洛克手枪据说可于水下发射，但格洛克公司指出如果在水中发射可能导致射手受伤。

奥地利格洛克 26 手枪

格洛克 26 是由奥地利格洛克公司设计及生产的手枪，是格洛克 17 的袖珍型版本。

研发历史

格洛克 26 于 1995 年开始研发，1996 年生产，直到现在。格洛克 26 经历了四次修正版本，最新的版本称为第四代格洛克 26 手枪，在 2011 年的 SHOT Show 中推出。格洛克 26 是向民间市场销售的，但也被执法部门广泛采用，其主要用户包括奥地利眼镜蛇作战司令部、比利时联邦警察以及丹麦特种部队等。

基本参数	
口径	9 毫米
全长	163 毫米
枪管长	87 毫米
空枪重量	560 克
有效射程	50 米
枪口初速	375 米 / 秒
弹容量	10/12/15/17/19/31/33 发

性能解析

格洛克 26 手枪的主要特点是广泛采用塑料零部件，质量小，机构动作可靠，弹容量大。格洛克 26 手枪的握把与最新的格洛克 17 大致相同，但是相比于格洛克 17 少了一个手指凹槽，目的是便于隐蔽任务时使用，其次弹匣设计也进行了改进，加大化的弹匣卡榫可以方便左右手直接按下以更换弹匣。

俄罗斯 PB 消音手枪

　　PB 消音手枪是苏联制造的一种半自动手枪。

研发历史

　　PB 消音手枪是以马卡洛夫手枪作为蓝本的消音武器，这种武器于 1967 年投入服役直到现在，并列装俄罗斯军队中的侦察小组和特种部队。

性能解析

　　PB 消音手枪配有一个连为一体，并由两

基本参数	
口径	9 毫米
全长	310 毫米
枪管长	105 毫米
空枪重量	970 克
有效射程	50 米
枪口初速	290 米 / 秒
弹容量	8 发

部分组成的抑制器，必要时使用者可将抑制器拆卸成两部分，以令手枪能够方便隐蔽携带。此枪也能够在没装上抑制器的情况下被击发，这确保了使用者在危急情况下能够直接开火。在缺乏抑制器的前部零件时，此枪的发射声音与马卡洛夫手枪相似，而即使在抑制器完整的状态下此枪也不能够完全消音。PB 手枪有一个特制的枪套，手枪及拆卸后的抑制器可分开收藏在里面。

俄罗斯 PSS 消音手枪

PSS 是由苏联中央精密机械工程研究院研制的一种特种手枪。

研发历史

PSS 手枪是专门针对苏联陆军中的特种部队的作战特点而特别研制出来的。该枪于 1983 年被正式采用，并取代了 MSP 手枪和 S4M 手枪两种过时且火力不足的特种部队武器。

基本参数	
口径	7.62 毫米
全长	165 毫米
枪管长	35 毫米
空枪重量	700 克
有效射程	25 米
枪口初速	200 米 / 秒
弹容量	6 发

性能解析

PSS 手枪采用反冲作用运作，扳机为双动式设计，发射的弹药为苏联研制的 7.62×42 毫米 SP–4 型无音弹，并能有效地配合其发射机制以进行无声射击，更能够有效地抑制枪口焰和烟雾从枪口里冒出。其弹匣容量为 6 发，有效射程为 25 米。

俄罗斯 SPP-1 水下手枪

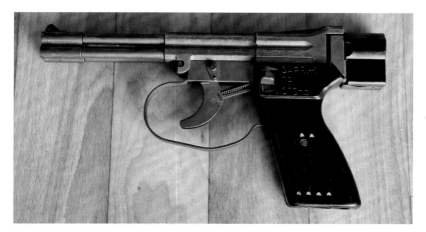

SPP-1 是一种苏联时期研制的手动操作的四管手枪，可用于水下射击。

研发历史

SPP-1 是苏联于 20 世纪 60 年代后期研制的水下手枪，SPP 是"特种水下手枪"（Spetsialnyj Podvodnyj Pistolet）的缩写。1971 年，该枪装备苏联海军的战斗蛙人部队。后来 SPP-1 经过改进，重新定型为 SPP-1M。目前，SPP-1M 仍然被俄罗斯海军特种部队采用，并出口到其他国家。

基本参数	
口径	9 毫米
全长	244 毫米
枪管长	203 毫米
空枪重量	950 克
有效射程	20 米（水上）17 米（水下）
枪口初速	250 米/秒
弹容量	4 发

性能解析

SPP-1 是一种手动操作的四管手枪，从枪管尾部装填子弹，枪管内没有膛线。为冲破水中阻力，SPP-1 配有专用的 SPS 水下枪弹。这种枪弹的口径为 4.5 毫米，拥有形似钢矛的钉状弹头。弹头长 115 毫米，加上弹头和弹体又连成直线，因而提高了弹头在水中的稳定性。SPP-1M 的构造基本与 SPP-1 相同，主要的改进有两个方面，一是在扳机拉杆上增加了一个弹簧以改善扳机扣力，二是扳机护圈增大以适应较厚的潜水手套。一套完整的 SPP-1/SPP-1M 装备包括 1 把手枪、10 个弹盒（各装有 4 发集束弹）、1 个枪套和 1 根专用背带。

意大利伯莱塔 92 手枪

伯莱塔92手枪是伯莱塔公司的代表作品，属于一种半自动手枪。

研发历史

1970年，意大利伯莱塔公司以伯莱塔M1951手枪为基础着手研制一种新型手枪，经过5年的研制和实验，伯莱塔92半自动手枪终于问世。由于伯莱塔92手枪能满足现代军事部门和执法机构对安全性、可靠性及耐用性等方面的要求，于是在推出不久就成为新一代的军用手枪。

基本参数	
口径	9 毫米
全长	217 毫米
枪管长	125 毫米
空枪重量	950 克
有效射程	50 米
枪口初速	381 米/秒
弹容量	10 发

性能解析

伯莱塔92手枪采用枪管短后坐式工作原理，通过上下摆动的闭锁卡铁进行开锁和闭锁。套筒座由航空铝材制成，套筒用钢制造，而握把护板则采用木材。伯莱塔92手枪的手动保险位于套筒座的尾端，而弹匣扣则在握把的后下方。另外，伯莱塔92手枪的抽壳钩还可以指示膛内有无弹药，当弹膛内有弹时，抽壳钩会在侧面突出并显示出红色的视觉标记，即使在晚上也能通过触摸感觉到。

比利时 FN M1935 手枪

FN M1935 大威力手枪是由美国枪械发明家约翰·勃朗宁设计，FN 公司改进并生产的半自动手枪，能够发射当时欧洲威力最强大的 9×19 毫米手枪子弹。

研发历史

20 世纪初，法国陆军要求 FN 公司设计一款手枪。为了确保 FN 公司在兵器制造行业中的地位，约翰·勃朗宁打算设计一种能够发射 9×19 毫米枪弹的大威力自动手枪。随后他在美国一个工作室里开始了新枪的设计，短短几十天的时间，便设计出了两种型号的手枪，其中后设计出来的那一种就是 M1935 的原型。

基本参数	
口径	9 毫米
全长	197 毫米
枪管长	118 毫米
空枪重量	1000 克
有效射程	50 米
枪口初速	335 米 / 秒
弹容量	13 发

该枪首次采用了弹容量高达 13 发的双排弹匣，FN 公司对这支枪表现出了浓厚的兴趣。几经修改后，于 1929 年定型，并命名为 FN M1935。

性能解析

FN M1935 大威力手枪使用的是单动操作式设计，并且装上了手动保险机构。与现代的双动操作半自动手枪不同的是，FN M1935 大威力手枪的扳机与击锤并没有联动关系，因此不能实现扣扳机待击。

FN M1935 大威力手枪是世界上第一种采用大容量可拆卸式双排弹匣的军用型手枪。其最新设计的可拆卸式双排弹匣结构上为子弹双排左右交错排列，能够装填 13 发 9×19 毫米手枪子弹，容量增加为柯尔特 M1911 的近一倍，是一把非常理想的军用型手枪。

捷克斯洛伐克 CZ-75 手枪

CZ-75 是由捷克斯洛伐克乌尔斯基·布罗德兵工厂生产的半自动手枪。

研发历史

二战过后，约瑟夫和弗朗泰斯·库斯基兄弟成为乌尔斯基·布罗德兵工厂最重要的工程师。他们在一定程度上参与了设计该厂在战后生产的武器。1969 年，弗朗泰斯·库斯基刚刚退休，但公司仍然希望他能设计出一把 9×19 毫米鲁格口径的手枪。跟弗朗泰斯先前的工作不一样，这次他可以完全自由地发挥，从头开始设计出这把枪。因此他在设计该枪时加入了许多创新的设计。这把枪就是之后的 CZ-75 手枪。由于价格便宜、工艺水准不错、射击精准度高以及其他性能优异，CZ-75 除了装备多个国家的军队和警察外，同时也广泛地被射击选手所采用。

基本参数	
口径	9 毫米
全长	206.3 毫米
枪管长	120 毫米
空枪重量	1120 克
有效射程	25 米
枪口初速	396 米 / 秒
弹容量	12/16 发

性能解析

CZ-75 是一款采用短行程后坐作用、闭锁式枪膛运作的半自动手枪，它采用了类似于勃朗宁大威力手枪的枪管摆动式闭锁机构，其原理是枪管和滑套最初会受到后坐力而后移，直到枪管膛室下方的一个凸耳装置解锁，使枪管与滑套分离。与大多数半自动手枪不同的是，CZ-75 的滑套导轨是从外侧整个嵌入滑套外侧的导槽内，据说这样能够减少滑套的横向松动，有利于提升精度。

CZ-75 大部分型号都具备单 / 双动模式，并在底把左边设有一个手动保险，射手在上膛后把它向上推，此时手枪的扳机被锁定，就无法开火，因此能够被安全携带。

德国 HK MP5 冲锋枪

HK MP5 是由德国军械厂 HK 公司所设计及制造的冲锋枪，是 HK 最著名及制造量最多的枪械产品。

研发历史

MP5 的设计源于 1964 年 HK 公司的 HK 54 冲锋枪项目("5"意为 HK 第五代冲锋枪，"4"意为使用 9×19 毫米子弹)，该枪以 HK G3 自动步枪的设计缩小而成。前联邦德国政府采用后，正式命名为 MP5 冲锋枪。由于高质量设计及高可靠性，MP5 在推出后便成为多国军队、警队及保安部队的制式冲锋枪，而 HK 公司同时也不断改良及开发更多版本。在 1990 年后期，HK 公司推出了为特定用户开发的 10 毫米 Auto 及 .40 S&W 版本，在 1970—2000 年，MP5 始终保持着其"用户数量最多的冲锋枪"的地位。

基本参数	
口径	9 毫米
全长	680 毫米
枪管长	225 毫米
空枪重量	2.54 千克
枪口初速	375 米 / 秒
射速	800 发 / 分
有效射程	200 米
弹容量	15/30/100 发

性能解析

MP5 冲锋枪采用与 G3 自动步枪一样的半自由枪机和滚柱闭锁方式，当武器处于待击状态在机体复进到位前，闭锁楔铁的闭锁斜面将两个滚柱向外挤开，使之卡入枪管节套的闭锁槽内，枪机便闭锁住弹膛。射击后，在火药气体作用下，弹壳推动机头后退。一旦滚柱完全脱离卡槽，枪机的两部分就一起后坐，直到撞击抛壳挺时才将弹壳从枪右侧的抛壳窗抛出。

海军特种部队正在使用 MP5 冲锋枪执行任务

装有消音器的 MP5 冲锋枪

德国 HK UMP 冲锋枪

HK UMP 是由德国 HK 公司于 1998 年开发完成的一款冲锋枪，由于性能优异，后坐力小，易于分解，现有多个特种部队及特警队采用。

研发历史

由于 11.43 毫米口径的高制止力，美国的特种部队开始换装 11.43 毫米口径的手枪，以取代制止力不足的 9 毫米手枪，不过，由于特种部队的主要武器仍然是采用 9 毫米口径的 MP5 冲锋枪，在使用 MP5 对付较为难缠的敌人时，常常无法进行有效的压制，而且与手枪通常使用的 11.43 毫米口径的弹药不同，增加了弹药后勤补给上的不便，于是他们希望能改

基本参数	
口径	11.43 毫米
全长	695 毫米
枪管长	200 毫米
空枪重量	2.47 千克
枪口初速	320 米 / 秒
射速	600 发 / 分
有效射程	200 米
弹容量	25/30 发

用 11.43 毫米口径的冲锋枪作为制式武器，不过当时市面上并没有适合特种作战的冲锋枪，于是，HK 公司开发了一款全新的采用 11.43 毫米口径的冲锋枪——Universal Machine Pistol，简称 UMP，并将 UMP 于 1998 年送交试验，在经过一连串的试验之后，证明了 UMP 冲锋枪性能优秀，完全符合特种作战的要求。

性能解析

UMP 在设计时大量采用塑料，不仅减轻了重量，也降低了价格，不过 UMP 仍保持了 HK 公司生产枪械的一贯优良性能和素质。UMP 舍弃了 MP5 传统的半自由式枪机，改用自由式枪机，并使用闭锁式枪机，以确保射击精度，UMP 的瞄具采用准星和照门，不过上机匣也有装备标准的 M1913 导轨，可自由装上各种瞄准镜，此外，UMP 的护木左右两侧及下方都可以很方便地安装上 RIS 导轨并安装各式配件。

德国 HK MP7 冲锋枪

  HK MP7 是一款由德国 HK 公司研发的个人防卫武器，发射 4.6×30 毫米口径弹药。

研发历史

  1989 年 4 月，北约组织提出在 2000 年后需要个人防卫武器的提案。1993 年，英国皇家军械公司开始与刚被购入不久的 HK 公司展开一项新的 PDW 武器计划，由皇家军械公司负责研发新型弹药，HK 公司则负责研发新枪。2001 年时，HK 公司终于正式推出了全新的武器，HK 公司一开始并没有给它正式定名，只称为 PDW，直到正式量产时才有了自己的名字，称为 MP7。计划刚开始时决定采用 4.9 毫米口径的弹药，不过 2001 年正式发布的样枪改为使用 HK 公司的 4.6×30 毫米口径弹药。

基本参数	
口径	4.6 毫米
全长	638 毫米
枪管长	180 毫米
空枪重量	1.9 千克
枪口初速	724.81 米 / 秒
射速	950 ~ 1150 发 / 分
有效射程	200 米
弹容量	20/30/40 发

性能解析

  MP7 冲锋枪大量采用塑料作为枪身主要材料，全枪只由三颗销钉固定，射手只需用枪弹作为工具就可以完成 MP7 的大部分分解，MP7 的瞄准方式采用折叠式的准星照门，不过由于上机匣装上了标准的 M1913 导轨，允许使用者自行加装各式瞄具。由于拥有与手枪相似的外型，射击时射手除了可将枪托拉出抵肩射击之外，经过训练的射手更可以手枪的手法来射击 MP7。

英国斯特林 L2A3 冲锋枪

　　斯特林 L2A3 冲锋枪是由英国的斯特林军备公司开发完成的一种现代冲锋枪。

研发历史

　　1945—1953 年，为更替原有的老式武器，英国举行了装备选型试验，"斯特林"冲锋枪在试验中以明显优势战胜了其他竞争对手，成为英国的基本防御武器之一，定名为 L2A1 冲锋枪（商业名称是 MK2）。1953 年起，英军开始用 L2A1 冲锋枪替换二战时期的"斯登"冲锋枪。1955 年，根据部队使用意见而改进

基本参数	
口径	9 毫米
全长	686 毫米
枪管长	196 毫米
空枪重量	2.7 千克
枪口初速	390 米 / 秒
有效射程	200 米
射速	550 发 / 分
弹容量	34 发

的新型号 L2A2 冲锋枪（商业名称是 MK3）诞生。1956 年，又进一步改进为 L2A3 冲锋枪（商业名称是 MK4）。1956 年，L2A3 批量装备英军，"斯登"冲锋枪被全部淘汰。

性能解析

　　L2A3 冲锋枪大量采用冲压件，同时广泛采用铆接、焊接工艺，只有少量零件需要机加工，工艺性较好。该枪采用自由枪机式工作原理，开膛待击，前冲击发。使用侧向安装的 34 发双排双进弧形弹匣供弹，有单发和连发两种模式可以选择，枪托为金属冲压的下折式枪托，有独立的小握把。瞄准装置采用觇孔式照门和 L 形翻转表尺，瞄准基线比较长。

黑色涂装的斯特林 L2A3 冲锋枪

士兵使用斯特林冲锋枪进行劫持人质演习

以色列乌兹冲锋枪

乌兹冲锋枪是由以色列国防军军官乌兹·盖尔于 1948 年开始研制的轻型冲锋枪。

研发历史

乌兹冲锋枪由以色列国防军上尉乌兹·盖尔（Uziel Gal）于 1948 年设计，1951 年生产，1956 开始量产。

当时的乌兹冲锋枪是军官、车组成员及炮兵部队的自卫武器，也是精英部队在前线作战中使用的武器。六日战争时的以色列士兵认为乌兹冲锋枪外型紧凑，火力猛烈，十分适合于战场，因此对该枪爱不释手。

基本参数	
口径	9 毫米
全长	650 毫米
枪管长	260 毫米
空枪重量	3.5 千克
枪口初速	400 米 / 秒
有效射程	120 米
射速	600 发 / 分
弹容量	20/32/40/50 发

性能解析

乌兹冲锋枪最突出的特点是和手枪类似的握把内藏弹匣设计，使射手在与敌人近战交火时能迅速更换弹匣（即使是黑暗环境），保持火力。不过，这个设计也限制了全枪的高度，导致射手采取致卧姿射击时所需的空间更大。此外，在沙漠或风沙较大的地区作战时，射手必须经常将乌兹冲锋枪分解清理，以避免射击时出现卡弹等情况。

乌兹冲锋枪有一种专为以色列反恐特种部队特别设计的型号——伞兵微型乌兹（Para Micro Uzi），口径为 9 毫米，机匣顶部及底部加装战术导轨，改为倾斜式握把以适用格洛克 18 全自动手枪的 33 发弹匣。

士兵使用乌兹冲锋枪进行人质救援训练

特种士兵使用微型乌兹进行作战

比利时 FN P90 冲锋枪

FN P90 是 FN 公司于 1990 年推出的个人防卫武器,是美国小火器主导计划、北约 AC225 计划中需求的一种枪械。

研发历史

二战后,FN 公司意识到当时现成的子弹,包括手枪、步枪子弹不能满足个人防卫武器的要求,于是在 1986 年开始研发全新的子弹 SS90 及新款枪械 P90,原型枪于同年 10 月试射,曾被应用于 1991 年海湾战争。

虽然 P90 推出时并无其他枪能达到个人防卫武器的要求,不过,当时适值冷战结束,

基本参数	
口径	5.7 毫米
全长	500 毫米
枪管长	263 毫米
空枪重量	2.54 千克
枪口初速	716 米 / 秒
有效射程	150 米
射速	900 发 / 分
弹容量	50 发

各国对个人防卫武器的需求突然消失,原本预期的大量军用订单落空,而其他市场的推广又由于使用的子弹过于冷僻而困难重重。就算如此,目前 P90 仍被许多国家的特种部队所采用。

性能解析

P90 能够有限度地同时取代手枪、冲锋枪及短管突击步枪等枪械,它使用的 5.7×28 毫米子弹能把后坐力降至低于手枪,而穿透力又高于手枪能击穿具有四级甚至于五级防护能力的防弹背心等个人防护装备。P90 的枪身重心靠近握把,有利于单手操作并能灵活地改变目标。精心设计的抛弹口,可确保各种射击姿势下抛出的弹壳都不会影响射击。水平弹匣使得 P90 的高度大大降低,卧姿射击时可以尽量伏低。此外,P90 在野战中分解非常容易,经简单训练就可在 15 秒内完成不完全分解,方便保养和维护。

参展的 FN P90 冲锋枪

FN P90 冲锋枪及其透明弹匣

美国 CQBR 卡宾枪

　　CQBR 是一种在 M4 卡宾枪的基础上更换上机匣和短枪管的近战步枪，2000 年正式装备美国海军的特种部队。

研发历史

　　由于 M16 突击步枪及 M4 卡宾枪不能完全适应所有任务，美国海军水面作战中心以更换特种用途机匣及枪管的方式设计出 CQBR，其改装套件其实是 M4 卡宾枪 SOPMOD Block II 的其中一个项目。目前该中心已把 CQBR 抽出 SOPMOD 独立发展，类似 Mk 12 Mod SPR。完全改装的 CQBR 定名为 Mk 18 Mod. 0。CQBR 以改进 M16 ／ AR–15 令其达到冲锋枪尺寸但发射步枪弹药为设计原则，用作保护重要人物（VIP）、城市或室内等近战任务。CQBR 被作为一种完整武器系统配备军队，原先只装备美国海军特种部队，现在已配发其他部队作搜捕（VBSS）、要员保护、防卫、搜查等任务。

基本参数	
口径	5.56 毫米
全长	666 毫米
枪管长	260 毫米
空枪重量	2.7 千克
枪口初速	788 米 / 秒
有效射程	500 米
弹容量	20/30 发

性能解析

　　CQBR 采用标准的 M4A1 下机匣，但 CQBR 内部增大了导气孔至 0.18 毫米及改装缓冲器，CQBR 采用 M4 的伸缩枪托（有 4 个固定位置选择），其标准护木为 KAC RIS 导轨护木，可安装任何对应 MIL–STD–1913 导轨的配件。

美国士兵正在使用 CQBR 卡宾枪

士兵使用 CQBR 卡宾枪执行作战任务

美国 M4 卡宾枪

M4 卡宾枪是 M16 突击步枪的缩短版本，现已被世界各国的军队及警队采用。

研发历史

1988 年美国陆军配备了 M16A2 步枪，并开始进行先进战斗步枪（ACR）的计划，这时又有提供给非前线战斗人员和空降部队的卡宾枪使用需求提出。美国陆军部授命柯尔特公司在陆军部与海军陆战队联合参与下，重新展开 XM4 的研发和第二阶段的测试。经过进一步测试和改良后，1991 年 3 月，枪支正式定型，并命名为"美国 5.56 毫米北大西洋公约组织口径 M4 卡宾枪"。

基本参数	
口径	5.56 毫米
全长	838 毫米
枪管长	368.3 毫米
空枪重量	2.88 千克
枪口初速	880 米 / 秒
有效射程	500 米
射速	700 ~ 950 发 / 分
弹容量	30 发

性能解析

M4 卡宾枪采用导气、气冷、转动式枪机设计，由于其长度短、重量轻，射手能在近战时快速瞄准目标。 M4 卡宾枪的枪托为滑动伸缩式枪托，枪托拉出时，可采取抵肩姿势射击；而枪托缩入时，则可进行腰际射击。因考虑到士兵在与敌突然遭遇时没有时间调整标尺，M4 还配备一只专门设计的校射仪，士兵可预先对枪或其附加装置进行校正工作。

美国 XM29 单兵战斗武器

　　XM29 单兵战斗武器是美国艾利安特技术系统集团开发的一种枪械。

研发历史

　　XM29 单兵战斗武器是美国艾利安特技术系统集团开发的将突击步枪和榴弹发射器合一的枪械，并使用同一个发射机构。在此基础上 XM29 还能使用带有编程设计的灵巧弹药打击杀伤工事内目标或者对敌进行有效的面杀伤。

性能解析

　　XM29 单兵战斗武器主要由三个部分组成，即火控系统、步枪部分及榴弹发射器部分，组合后可通过设定火控系统及握把上的按钮调节各种系统功能，分开后仍可独立使用。XM29 火控系统安装在榴弹发射器的机匣顶部，内设电子处理器，可自动计算目标距离、分辨敌我、设定电子引信空爆弹的引爆时间及高度、激光指示、目标方位定位及武器角度调整等。

基本参数	
口径	5.56 毫米
全长	864 毫米
枪管长	254 毫米
空枪重量	5.4 千克
枪口初速	745 米 / 秒
有效射程	500 米
射速	800 发 / 分
弹容量	5 发

美国 M14 自动步枪

M14 是由美国春田兵工厂研制的自动步枪，在 20 世纪 50 年代末取代 M1 "加兰德" 成为美军制式步枪。

研发历史

由于美军在二战中使用的 M1 "加兰德" 半自动步枪太重，弹容量又太少，因此美军在 1945 年实施新的步枪研制计划，著名枪械设计师约翰·加兰德在 M1 "加兰德" 的基础上开始设计新型自动步枪。1954 年，原型枪问世，1957 年定型，命名为 M14 步枪，1959 年在春田兵工厂投产，1963 年终止采购。该枪主要提供给美国、爱沙尼亚、希腊、冰岛、以色列等国家的部队使用。

基本参数	
口径	7.62 毫米
全长	1118 毫米
枪管长	559 毫米
空枪重量	4.5 千克
枪口初速	850 米 / 秒
有效射程	460 米
射速	700 ～ 750 发 / 分
弹容量	5/10/20 发

性能解析

M14 具有精度高和射程远的优点，美军在对阿富汗、伊拉克的战争中，就启用了配有高精度枪管、两脚架和瞄准镜的 M14，以提供远射程精确支援火力。不过 M14 自动步枪曾因为枪身比较笨重，单兵携带弹药量有限，而且弹药威力过大，全自动射击时散布面太大，难以控制精度等原因导致对该枪评价较差，并且很快停产。但是后来经过现代化改造的 M14 步枪又重新装备军队。

伊拉克战场上的 M14 自动步枪

美军正在使用 M14 自动步枪

美国 M16 突击步枪

　　M16 是由阿玛莱特 AR–15 发展而来的突击步枪，现由柯尔特公司生产。它是世界上最优秀的步枪之一，也是同口径中生产数量最多的枪械。

研发历史

　　1957 年，美军在装备 M14 自动步枪后不久就正式提出设计新枪。阿玛莱特公司将 7.62 毫米口径 AR–10 步枪改进为 5.56 毫米口径 AR–15 步枪，从竞标中胜出。随后，AR–15 经过了一系列改进，并将生产权卖给了柯尔特公司。1964 年，美国空军正式装备该枪并将其命名为 M16。不久，柯尔特公司又根据实战经验改进出 M16A1，并被美国陆军采用。

基本参数	
口径	5.56 毫米
全长	1003 毫米
枪管长	508 毫米
空枪重量	3.26 千克
枪口初速	975 米 / 秒
有效射程	550 米
射速	750 ~ 900 发 / 分
弹容量	20/30 发

此后，又诞生了 M16A2、M16A3、M16A4 等改进型号，M16 逐渐成为成熟可靠、使用广泛的经典步枪。

性能解析

　　M16 的枪管、枪栓和机框为钢制，机匣为铝合金，护木、握把和后托则是塑料。该枪采用导气管式工作原理，但与一般导气式步枪不同，它没有活塞组件和气体调节器，而是采用导气管。枪管中的高压气体从导气孔通过导气管直接推动机框，而不是进入独立活塞室驱动活塞。高压气体直接进入枪栓后方机框里的一个气室，再受到枪机上的密封圈阻止，因此急剧膨胀的气体便推动机框向后运动。机框走完自由行程后，其上的开锁螺旋面与枪机闭锁导柱相互作用，使枪机右旋开锁，而后机框带动枪机一起继续向后运动。

美国士兵在伊拉克战场使用 M16 突击步枪

士兵使用 M16 突击步枪与坦克进行协同作战演练

美国 Mk 14 增强型战斗步枪

美国 Mk 14 增强型战斗步枪是一种美国击发调变式军用战斗步枪，它是 M14 战斗步枪的一个衍生型，原本专为美国特种作战司令部以下的单位使用。

研发历史

2000 年，美国海军海豹部队向美国海军特种作战司令部提出了研发 Mk14 自动步枪的要求以后，多个枪械制造商接受招标并开始设计它们的 Mk 14 增强型战斗步枪。2001年，麦克洛克步枪枪管公司被美国特种部队司令部邀请参与讨论如何研发 Mk 14 步枪。但是该公司研发出的步枪存在噪声过大的问题。

基本参数	
口径	7.62 毫米
全长	889 毫米
枪管长	457.2 毫米
空枪重量	5.1 千克
枪口初速	853.44 米 / 秒
有效射程	500 米
射速	700 ~ 750 发 / 分
弹容量	20/30/40 发

2003 年，朗·史密斯和史密斯企业公司研发了他们版本的 Mk 14 增强型战斗步枪，该步枪一经推出就受到美国军方的广泛青睐，美国海军海豹部队在 2004年成为第一个装备 Mk 14 增强型战斗步枪的美国部队，而第二个是受到他们启发的美国海岸警卫队。

性能解析

Mk 14 增强型战斗步枪采用标准型 M14 枪机和枪管部件，并且增加了伸缩式枪托、手枪握把、不同设计的准星、哈里斯两脚架、围绕着枪管的四条战术配件导轨和更有效、取代原来具有的标准型枪口消烟器功能的枪口制退器。Mk 14 的缺点是步枪底盘过重导致总体质量重，而且重心过于靠前。

英国李 – 恩菲尔德 L42A1 步枪

　　L42A1 是在李 – 恩菲尔德 No.4 Mk I(T) 狙击步枪的基础上变换口径而成的，一直装备英国军队，直至 1982 年才被 PM 狙击步枪取代。

研发历史

　　20 世纪 60 年代，恩菲尔德兵工厂将 No.4 Mk I (T) 狙击步枪的口径改为北约制式 7.62 x 51 毫米，并逐渐改进出 L42A1 狙击步枪。1970 年，L42A1 开始批量生产并进入英国军队服役。与此同时，皇家轻武器工厂也改装了 L42A1 的民用型，被称为"强制者"（Enforcer），不但被民间用于射击比赛，也被英国的警察部队所装备。

基本参数	
口径	7.62 毫米
全长	1181 毫米
枪管长	699 毫米
空枪重量	4.42 千克
枪口初速	838 米 / 秒
有效射程	503 米
弹容量	10 发

性能解析

　　L42A1 步枪的重型枪管由高质量的 EN19AT 钢冷锻而成，因此枪管外表面留下冷锻时产生的"蛇皮"表纹。早期的枪管采用传统的恩菲尔德膛线，后来改为梅特福膛线，所以后期的枪管比较便宜和容易生产。L42A1 使用恩菲尔德式弹匣抛壳挺，抛壳挺位于弹匣口左右侧的边缘上。这样的设计使机匣内的固定抛壳挺显得多余。另外，机匣也做了一点改变，以使新的弹匣插入后能准确定位并保证供弹可靠。

英国 SA80 突击步枪

SA80 是一款采用 5.56×45 毫米北约弹药的英国无托结构突击步枪。

研发历史

20 世纪 40 年代后期，英国提出要发展一款使用新型号子弹和新级别步枪的方案，有两种口径为 7 毫米、无托结构设计的实验版本，名为 EM-1 和 EM-2。1969 年，恩菲尔德兵工厂开始着手于发展一个全新的武器家族，而这一类实验版本武器的系列在内部结构和设计思想上都有别于 EM-2，它的犊牛式设计和光学瞄准很明显地影响了设计思想并使之成为

基本参数	
口径	5.56 毫米
全长	785 毫米
枪管长	518 毫米
空枪重量	3.82 千克
枪口初速	900 米 / 秒
有效射程	450 米
射速	610 ~ 775 发 / 分
弹容量	30 发

SA80。1976 年，原型枪已经准备接受审查，不过，当北约做出把它的成员国全面统一标准弹药的决定后，恩菲尔德的工程师将弹匣扩充到美国的 5.56×45 毫米 M193 标准。

性能解析

英军曾在科威特的"沙漠风暴"作战中实战计算，SA80 突击步枪平均每发射 99 枚子弹就会卡弹一次，甚至存在严重卡壳、双重进弹、彻底卡死的问题。此外，常见的还有枪托破裂、弹匣经常脱落、撞针松脱或弹力不足等问题。目前，英国陆军已为部分 SA80 步枪作了现代化改进，包括换装由美国丹尼尔防务公司生产的战术导轨式护木以方便对应各种战术配件、用 ACOG 光学瞄准镜替换老旧的 SUSAT 4 倍光学瞄准镜，并改用马格普工业公司生产的 E-Mag 弹匣。

俄罗斯 AK-47 突击步枪

AK-47 是由苏联著名枪械设计师米哈伊尔·季莫费耶维奇·卡拉什尼科夫设计的突击步枪，该枪是世界上最著名的步枪之一，制造数量和使用范围极为惊人。

研发历史

1941 年苏德战争爆发后，卡拉什尼科夫在一次战斗中，由于所在坦克被德军炮火击中，身负重伤的他被送到后方的陆军医院抢救。在医院中和战友们的谈话激发了他设计全新自动步枪的念头，之后几经周折，AK-47 终于诞生了。该枪在 1947 年被定为苏联军队制式装备，1949 年最终定型并投入批量生产。世界

基本参数	
口径	7.62 毫米
全长	880 毫米
枪管长	415 毫米
空枪重量	3.47 千克
枪口初速	715 米/秒
有效射程	350 米
射速	600 发/分
弹容量	30/40/100 发

上至少有 82 个国家装备 AK-47 系列，并有许多国家进行了仿制或特许生产。AK-47 是全球局部战争中使用人数最多的武器，几乎遍布世界各地，目前仍有不少国家使用。

性能解析

AK-47 采用气动式自动原理，导气管位于枪管上方，通过活塞推动枪机动作，回转式闭锁枪机。AK-47 的枪身短小、射程较短、火力强大，适合较近距离的突击作战任务。它的枪机动作可靠，在连续射击时若有灰尘等异物进入枪内时，它的机械结构仍能保证其继续工作。即使在沙漠、热带雨林、严寒等极度恶劣的环境下，AK-47 仍能保持相当好的效能。此外，该枪结构简单，易于分解、清洁和维修。

美国海军陆战队士兵正在使用 AK-47 突击步枪

士兵使用 AK-47 突击步枪进行射击训练

俄罗斯 APS 水下突击步枪

APS 水下突击步枪是苏联于 20 世纪 70 年代研制的一种水下突击步枪。

研发历史

20 世纪 70 年代，弗拉基米尔·西蒙诺夫开展了研制水下突击步枪的计划。APS 水下步枪于 70 年代中期被苏联军方正式采用，并在后来改用了一种穿孔的导气管以减少气泡的能见度，从而令射手能更方便地作隐蔽射击，另外，还改进了其机械瞄具。其研制团体于 1983 年获得国家奖项。APS 至今仍装备于俄罗斯海军和特种部队。

基本参数	
口径	5.66 毫米
全长	823 毫米
枪管长	300 毫米
空枪重量	2.4 千克
枪口初速	365 米 / 秒
有效射程	100 米（水上）
射速	600 发 / 分（水上）
弹容量	26 发

性能解析

APS 的机匣左侧有一个快慢机，能够选择半自动或全自动射击。APS 能够有效对付穿戴经过增强的潜水衣和防护头盔的敌人，同时亦能穿透他们厚实、坚硬的水下呼吸器材和一些小型水下载具的塑胶外壳。APS 的杀伤力很大，但同时也因其枪身笨重而需要较长的时间瞄准，特别是在水下作战中，由于水流动而导致枪身摆动的时候。

德国 HK G3 自动步枪

G3 是德国 HK 公司于 20 世纪 50 年代以 StG45 步枪为基础所改进的现代化自动步枪，是世界上制造数量最多、使用最广泛的自动步枪之一。

研发历史

第二次世界大战时，德国人路德维希·福尔格里姆勒发明了一种利用滚柱闭锁原理的枪机，毛瑟兵工厂利用该设计制造出 StG45 突击步枪。战后，福尔格里姆勒辗转至西班牙，研制出 CETME 步枪，而联邦德国正需要更换新枪。因此，联邦德国与西班牙政府签订合同，并订购首批 500 支经过修改的 CETME 步枪，条件是由 HK 公司生产，修改后的步枪被命名为 G3。

基本参数	
口径	7.62 毫米
全长	1026 毫米
枪管长	450 毫米
空枪重量	4.41 千克
枪口初速	780 ~ 800 米 / 秒
有效射程	500 米
射速	600 发 / 分
弹容量	5/10/20/50 发

性能解析

G3 采用半自由枪机式工作原理，零部件大多是冲压件，机加工件较少。机匣为冲压件，两侧压有凹槽，起导引枪机和固定枪尾套的作用。枪管装于机匣之中，位于机匣的管状节套的下方。管状节套点焊在机匣上，里面容纳装填杆和枪机的前伸部。装填拉柄在管状节套左侧的导槽中运动，待发时可由横槽固定。

G3 的枪管采用普通膛线，弹膛内壁开有 12 条纵向槽，以降低抽壳阻力。枪口部有螺纹，并有一个锯齿形的圆环，用以安装消焰器固定卡簧或发射空包弹的附件。该枪采用机械瞄准具，并配有光学瞄准镜和主动式红外瞄准具。

德国 HK33 突击步枪

　　HK33 是德国 HK 公司推出的第一种 5.56 毫米口径的突击步枪，基于 HK G3 的设计缩小改进而成。

研发历史

　　20 世纪 70 年代，世界上掀起小口径步枪的热潮，为顺应市场的需要，德国 HK 公司以 G3 步枪为基础开发出几种不同口径的步枪，HK33 就是以 G3 为基础而开发的第一支使用 5.56 毫米步枪弹的突击步枪。HK33 在 1968 年正式生产，除德国外，美国、土耳其及法国都有合法特许生产。

基本参数	
口径	5.56 毫米
全长	919 毫米
枪管长	390 毫米
空枪重量	3.81 千克
枪口初速	920 米/秒
有效射程	400 米
射速	700 发/分
弹容量	25/30/40 发

性能解析

　　HK33 步枪的自动方式为半自由枪机式，闭锁机构为滚柱延迟开锁式闭锁机构。该枪有单发、连发两种发射方式，快慢机设在握把的左侧，有 3 个位置可供选择：S(保险)、E(单发) 和 F(连发)，当调至"保险"时，系统会强制锁定扳机。HK33 装有固定前准星和可调风偏及距离的后照门，上机匣对应 HK 公司生产的瞄准具导轨，枪口消焰器可发射枪榴弹，甚至还能挂上刺刀。

德国 HK G36 突击步枪

G36 是德国 HK 公司在 1995 年推出的现代化突击步枪，是德国联邦国防军自 1995 年以来的制式步枪。

研发历史

20 世纪 90 年代，在世界上主要国家特别是北约组织的军队都已使用 5.56 毫米口径步枪的情况下，德国联邦国防军也提出了新的制式步枪计划，以替换 7.62 毫米 HK G3 突击步枪。经过评选，HK 公司的 HK 50 最终胜出，军用代号被设为 Gewehr 36（36 号步枪），简称 G36。该枪在 1995 年被采用，1997 年成为德军制式步枪。

基本参数	
口径	5.56 毫米
全长	999 毫米
枪管长	480 毫米
空枪重量	3.63 千克
枪口初速	920 米 / 秒
有效射程	450 米
射速	750 发 / 分
弹容量	30/100 发

性能解析

G36 大量使用高强度塑料，质量较轻、结构合理、操作方便，"模块化"设计大大提高了它的战术性能。其模块化优势体现在只用一个机匣,通过变换枪管、前护木就能组合成 MG36 轻机枪、G36C 短突击步枪、G36E 出口型、G36K 特种部队型和 G36 标准型等多种不同用途的突击步枪。

士兵在雪地使用 HK G36 突击步枪

士兵使用 HK G36 突击步枪进行射击训练

德国 HK416 突击步枪

HK416 是 HK 公司集合 HK G36 突击步枪和 M4 卡宾枪的优点设计而成的一款突击步枪。

研发历史

HK416 项目负责人为美国"三角洲"特种部队退伍军人拉利·维克斯（Larry Vickers），该项目原本称为 HKM4，但因柯尔特公司拥有 M4 系列卡宾枪的商标专利，所以，黑克勒－科赫将其改称为"416"。由于 HK416 沿用了很多 M16 枪系结构，且外形也与之相似，所以，对惯用 M16 枪系的人来说很容易上手。该枪有多种衍生型号，包括 HK417、MR223、MR556、HK416C 和 HK M27 IAR 等。

基本参数	
口径	5.56 毫米
全长	797 毫米
枪管长	264 毫米
空枪重量	3.02 千克
枪口初速	788 米 / 秒
有效射程	300 米
射速	700 ~ 900 发 / 分
弹容量	30 发

性能解析

HK416 突击步枪采用了 HKG 36 突击步枪的短冲程活塞传动式系统，枪管由碳钢冷锻而成，有很长的使用寿命。该枪的机匣及护木共设有 5 条战术导轨以安装附件，并采用自由浮动式前护木，整个前护木可完全拆下，改善全枪重量分布。

HK416 枪托底部设有降低后坐力的缓冲塑料垫，机匣内有泵动活塞缓冲装置，能有效减少后坐力和污垢对枪机运动的影响，从而提高武器的可靠性，另外也设有备用的新型金属照门。HK416 还配有只能发射空包弹的空包弹适配器，以杜绝因误装实弹而引发的安全事故。

装备 HK416 突击步枪的特种士兵

士兵使用 HK416 突击步枪进行作战

比利时 FN SCAR 突击步枪

　　FN SCAR 是比利时 FN 公司为了满足美国特种作战司令部的 SCAR 标案而制造的现代步枪，此枪族有两种主要版本，SCAR-L（轻型版）和 SCAR-H（重型版）。

研发历史

　　SCAR 突击步枪由 FN 公司美国南加州哥伦比亚厂制造。2004 年 11 月，美军特种作战司令部正式宣布 SCAR 突击步枪在 SCAR 项目竞争中胜出，并给出第二批 SCAR 样枪的生产合同。2007 年 9 月至 11 月，美国陆军于亚伯丁测试场对 SCAR 突击步枪进行了一项沙尘测试。

基本参数	
口径	5.56/7.62 毫米
全长	852/924 毫米
枪管长	351/400 毫米
空枪重量	3.29/3.58 千克
枪口初速	870/714 米 / 秒
有效射程	700 米
射速	550 ～ 600 发 / 分
弹容量	20/30 发

性能解析

　　FN SCAR 的 L 型版本发射 5.56×45 毫米北约弹药，使用类似于 M16 的弹匣，只不过是钢材制造，虽然比 M16 的塑料弹匣更重，但是强度却更高，可靠性也更好。H 型版本发射威力更大的 7.62×51 毫米北约弹药，使用 FN FAL 的 20 发弹匣，不同枪管长度可应用于不同的作战模式。

　　FN SCAR 特征为从头到尾不间断的战术导轨在铝制外壳的正上方排开，两个可拆式导轨在侧面，下方还可加挂任何 MIL-STD-1913 标准的相容配件，握把部分和 M16 用的握把可互换，前准星可以折下，不会挡到瞄准镜或是光学瞄准器。

美国特种士兵使用 SCAR 突击步枪进行作战

手持 SCAR 突击步枪的士兵

以色列"墙角枪"

　　"墙角枪"是一种适合于巷战的特种武器，由以色列墙角射击公司设计。

研发历史

　　一战时期，战壕战逐渐成为主要的作战形式。士兵利用战壕和掩体进行隐蔽，然而，在隐蔽自己的同时，也遮挡了视线。为了使瞄准射击时士兵的脑袋不暴露在敌人的火力之中，在战壕潜望镜的启发下，英国人发明了最原始的战壕潜射步枪。之后，各国都开始研制这种"特别"的作战武器。2003 年，以色列人阿莫斯·戈兰完善了这种武器，同年 12 月 15 日该枪正式在以色列亮相。目前，该枪正在世界各地的特种部队、军事部队和执法机构中使用。

基本参数	
口径	9 毫米
全长	820 毫米
重量	3.86 千克
有效射程	50 ～ 200 米
枪口初速	370 米 / 秒
弹容量	10/17/19 发

性能解析

　　"墙角枪"设计合理，操作比较简单，一般射手稍加训练便能掌握拐弯射击要领，熟练射手一秒内就能连续完成拐弯、瞄准、射击动作，并命中 10 米处目标。该枪射击部分使用手枪，既能减小后坐力保证精度，又满足了城市作战近距离射击的战术要求。"墙角枪"的标准型配置是常用的不同口径的半自动手枪，如伯莱塔 92 系列、格洛克系列等。

以色列 TAR-21 突击步枪

TAR-21 是一款采用 5.56×45 毫米 NATO 弹药的以色列无托结构突击步枪。

研发历史

TAR-21 突击步枪是以色列 IMI 公司在 1991 年开始研发的突击步枪，2001 年开始在以色列军队服役，直到现在。TAR-21 突击步枪主要服役的部队有吉瓦提步兵旅、戈兰尼步兵旅和纳哈尔步兵旅。最新型的 MTAR-21 被以色列国防军选作未来的突击步枪，在接下来的几年之内，它将成为以色列的步兵制式武器。

基本参数	
口径	5.56 毫米
全长	725 毫米
枪管长	460 毫米
空枪重量	3.27 千克
枪口初速	910 米/秒
有效射程	300 ~ 600 米
射速	750 ~ 900 发/分
弹容量	30/100 发

除以色列使用 TAR-21 突击步枪外，巴西、印度、乌克兰等部分国家及一些小厂都获授权生产或私自仿制及使用。

性能解析

TAR-21 在设计中首先考虑到更先进的人体工程学设计和复合材料等问题，令使用者可以使用一支更舒适和更可靠的步枪，例如，令 TAR-21 更加防水和重量更轻。TAR-21 有一个用作后备的金属机械照门及准星，但最主要的还是一个设计外形先进的反射式瞄准镜（ITL MARS），亦可以将反射式瞄准镜拆除和安装其他瞄准镜、夜视镜以及其他电子装备甚至火控系统。

加拿大 C7 突击步枪

C7 是加拿大的制式突击步枪，由加拿大柯尔特公司生产，是 M16 突击步枪的衍生型。

研发历史

C7 突击步枪的设计源于 M16 突击步枪，由当年的加拿大迪玛科公司合法授权生产。从 1986 年至现在，C7 突击步枪的生产总量达 20 万支以上。在加拿大军队参与 2001 年阿富汗战争之后，C7 突击步枪又进行了多次改进以提高战场实用性及可靠性，其衍生型包括 C7A1、C7A2、C7CT 等。

基本参数	
口径	5.56 毫米
全长	1006 毫米
枪管长	508 毫米
空枪重量	3.3 千克
枪口初速	900 米 / 秒
有效射程	400 ~ 600 米
射速	700 ~ 900 发 / 分
弹容量	30 发

性能解析

C7 使用 M16A1 的下机匣，配发塑料制 30 发弹匣，可与 M16 的铝制弹匣通用。C7 的扳机有保险、全自动、单发三种模式，改良护木设计，加长枪托，采用提把式照门和锻碳钢枪管，可安装加拿大制 M203A1 榴弹发射器。C7 突击步枪在推出后便成为加拿大军队制式步枪，另外，英国特种空勤团及皇家海军陆战队、澳大利亚特种空勤团等部队也有配备。

美国 M21 狙击步枪

M21 狙击步枪是在 M14 步枪的基础上改进而成的，是美国陆军在 20 世纪 60 年代末到 80 年代末的重要狙击武器之一。

研发历史

在越南战场上，虽然火力强大的 M16 突击步枪让美军在 200 ～ 300 米射程上的火力大为增强，但更远距离就无法精确射击。因此，美国陆军认为必须装备一种精确的狙击步枪。

1966 年，美国陆军武器司令部、战斗研究司令部以及有限战争委员会与美国陆军射击训练队共同研究新型的狙击步枪。在经过长时

基本参数	
口径	7.62 毫米
全长	1118 毫米
枪管长	560 毫米
空枪重量	5.27 千克
枪口初速	853 米 / 秒
有效射程	822 米
弹容量	5/10/20 发

间的测验之后，装备瞄准镜的 M14 半自动步枪成为他们的最佳选择，并将其命名为 XM21。1969 年，岩岛兵工厂将 1000 多支 M14 步枪改装成 XM21 狙击步枪，并提供给在越南战场的美军士兵使用。1975 年，XM21 正式成为美军制式武器，并重新命名为 M21 狙击手武器系统。

性能解析

由于 M14 步枪本身是一支相当不错的自动步枪，因此 M21 推出后便受到使用部队的欢迎。M21 的消焰器可外接消音器，不仅不会影响弹丸的初速，还能把泄出气体的速度降低至音速以下，使射手位置不易暴露，这在战争中是一项非常重要的优点。

美国 M24 狙击步枪

M24 狙击步枪是雷明顿 700 步枪的衍生型之一，主要提供给军队及警察使用。

研发历史

1988 年，美军将 M24 狙击步枪选为新的制式武器。该枪从雷明顿 700 步枪演变而来，由于性能优异，所以逐渐取代了其他狙击步枪，成为美军的主要狙击武器。目前，美国陆军正以 M110 狙击步枪逐步取代 M24，但在 2010 年以前它仍然是制式狙击步枪之一。

基本参数	
口径	7.62 毫米
全长	1092 毫米
枪管长	610 毫米
空枪重量	5.4 千克
枪口初速	790 米 / 秒
有效射程	800 米
弹容量	5/10 发

性能解析

为了耐受沙漠恶劣的气候，M24 特别采用碳纤维与玻璃纤维等材料合成的枪身、枪托，可适应零下 45 度至零上 65 度的大温差变化环境。M24 对气象物候条件很挑剔，潮湿空气可能改变子弹方向，而干热空气又会使子弹打高。为了确保射击精度，该枪设有瞄准具、夜视镜、聚光镜、激光测距仪和气压计等配件，远程狙击命中率较高，但使用较为烦琐。

美国陆军在阿富汗战场使用 M24 狙击步枪

使用三脚架的 M24 狙击步枪

美国 M25 狙击步枪

　　M25 是美国陆军特种部队和海军特种部队于 20 世纪 80 年代后期以 M21 自动步枪为基础研制的一种轻型狙击步枪。

研发历史

　　M25 狙击步枪最初是由美国陆军第 10 特种大队(10th Special Forces Group)的汤姆·柯柏（Tom Kapp）上士设想的一种 M21 狙击手武器系统的改进型，由美国陆军和海军联合研制。

　　1991 年，美军把这种改进后的 M21 正式命名为 M25，主要供应美国陆军特种部队和海军"海豹"突击队。在 1991 年的海湾战争中，"海豹"突击队就曾使用该枪参战。

基本参数	
口径	7.62 毫米
全长	1125 毫米
枪管长	560 毫米
空枪重量	4.9 千克
枪口初速	800 米 / 秒
有效射程	900 米
弹容量	10/20 发

性能解析

　　特种部队认为，用 M25 作狙击小组的观瞄手武器比 M16/M203 的组合更佳（美国陆军和海军陆战队的狙击小组中的观瞄手通常是使用这种组合作为支援武器），因为它能够准确地射击 500 米外的目标。另外，M25 也可以作为一种城市战的狙击步枪使用。

美国 M40 狙击步枪

M40 狙击步枪是雷明顿 700 步枪的衍生型之一，是美国海军陆战队自 1966 年以来的制式狙击步枪，其改进型号目前仍在服役。

研发历史

20 世纪 60 年代，由于越南战争的需要，美国海军陆战队要求研制一种正规的新式狙击步枪。经过测试后，1966 年 4 月 7 日决定以雷明顿 700 步枪为基础研制狙击步枪，改进后命名为 M40。经过实战检验后，20 世纪 70 年代又出现了改进型 M40A1，改用玻璃纤维枪托及新式瞄准镜。M40A1 在 1980 年进行了重大改进，之后又陆续出现了 M40A3（2001 年）和 M40A5（2009 年）等型号。

基本参数	
口径	7.62 毫米
全长	1125 毫米
枪管长	560 毫米
空枪重量	4.9 千克
枪口初速	800 米 / 秒
有效射程	900 米
弹容量	10/20 发

性能解析

早期的 M40 全部装有 Redfield 3 ~ 9 瞄准镜，但瞄准镜及木制枪托在越南战场炎热潮湿的环境下，出现受潮膨胀等严重问题，以至无法使用。之后的 M40A1 和 M40A3 换装了玻璃纤维枪托和 Unertl 瞄准镜，加上其他功能的改进，逐渐成为性能优异的成熟产品。

据说，在美国海军陆战队的狙击作战中，即使用力敲击该枪的瞄准镜，其零位也能保持不变。在美国，M40A3 狙击步枪被视为现代狙击步枪的先驱。它被称为冷战"绿色枪王"，在多场局部战争中频频"露脸"。

美国 M110 半自动狙击步枪

M110 半自动狙击步枪是美国奈特公司推出的 7.62 毫米口径半自动狙击步枪，曾被评为"2007 年美国陆军十大发明"之一。

研发历史

M110 半自动狙击手系统的开发目的是为了替换美国陆军狙击手、观察手、指定射手及班组精确射手的 M24 狙击步枪，美国陆军在提交计划后开放给多家公司参与。2005 年 9 月 28 日，奈特公司的方案胜出，正式定名为 M110 半自动狙击手系统（在测试时名为 XM110）。2006 年底，M110 半自动狙击手系

基本参数	
口径	7.62 毫米
全长	1029 毫米
枪管长	508 毫米
空枪重量	6.94 千克
枪口初速	783 米 / 秒
有效射程	800 米
弹容量	10/20 发

统正式成为美军的制式狙击步枪。2007 年 4 月，驻守阿富汗的美国陆军"复仇女神"特遣队成为首个使用 M110 半自动狙击手系统作战的部队。

性能解析

M110 半自动狙击手系统包括 Leupold3.5—10 倍瞄准镜、便携式枪袋、Harris 可拆式两脚架、背带、AN/PVS–14 夜视镜、快拆式消声器、数个 20 发弹匣和 PAL 专用弹匣袋及硬式储藏箱一个。M110 半自动狙击手系统的弹匣释放钮、保险制、拉机柄两面皆可操作。在阿富汗和伊拉克执行作战任务的美军都装备了 M110 半自动狙击手系统。有的士兵认为，M110 半自动狙击手系统的半自动发射系统过于复杂，反不如运动机件更少的 M24 精度高。

美国 M2010 增强型狙击步枪

M2010 增强型狙击步枪是由美国陆军 PEO 士兵办公室研制的手动狙击步枪，发射 7.62 毫米口径步枪子弹。

研发历史

M2010 增强型狙击步枪是以 M24 为蓝本，目的是取代 M24，最初称为 M24E1，但由于其改动实在太大，所以在 2010 年正式公布时重新命名为 XM2010。在经过一连串招标之后，雷明顿公司成功中标，并获得了一份固定价格不定期不定量的生产合同，2011 年 XM2010 在阿富汗投入实战检验，2012 年 9 月，XM2010 正式定型为 M2010。

基本参数	
口径	7.62 毫米
全长	1180 毫米
枪管长	610 毫米
空枪重量	5.5 千克
枪口初速	869 米 / 秒
有效射程	1200 米
弹容量	5 发

性能解析

M2010 增强型狙击步枪采用更优秀、更先进的防腐蚀表面涂料处理。它被视为是 M24 的"整体转换升级"，改换的部件包括转换膛室、枪管、弹匣，并增加枪口制退器、消声器，甚至改换了新的光学狙击镜、夜视镜以配合新口径的弹道特性。另外，还更换了新型枪托，这种枪托带有皮卡汀尼导轨，便于安装多种附件。

在阿富汗战场使用 M2010 增强型狙击步枪的美国士兵

装有消声器的 M2010 增强型狙击步枪

美国雷明顿 MSR 狙击步枪

MSR 是由美国雷明顿军品分公司所研制、生产及销售的手动狙击步枪，被美国特种作战司令部所采用并命名为 Mk 21 精密狙击步枪。

研发历史

雷明顿 MSR 狙击步枪在 2009 年的 SHOT Show 上首次露面，研发目的是参与 2009 年 1 月 15 日美国特种作战司令部（USSOCOM）发出的一项名为精密狙击步枪（Precision Sniper Rifle，PSR）的合同的竞标。2013 年 3 月 7 日，雷明顿 MSR 在竞标中获胜。与其他精密狙击步枪的候选型号相比，雷明顿

基本参数	
口径	7.62 毫米
全长	1168 毫米
枪管长	558.8 毫米
空枪重量	7.71 千克
枪口初速	841 米 / 秒
有效射程	1500 米
弹容量	5/7/10 发

MSR 的设计优势是采用了模块化设计，灵活性也比较大。

性能解析

雷明顿 MSR 采用了全新设计的旋转后拉式枪机和机匣，取代了雷明顿武器公司著名产品雷明顿 700 步枪系列所采用的双大型锁耳型毛瑟式枪机和圆形机匣。雷明顿 MSR 的枪口上装上了先进武器装备公司的消焰 / 制动器，可减少后坐力、枪口上扬和枪口焰，并能够利用其装上先进武器装备公司的"泰坦"型快速安装及拆卸消声器。

美国 SR-25 狙击步枪

　　SR-25 是一款由美国著名枪械设计师尤金·斯通纳设计、奈特公司出品的半自动步枪，其设计来源于 AR-10 自动步枪。

研发历史

　　1978 年，奈特与尤金·斯通纳携手合作，推出了一系列优秀产品。到 1993 年初，奈特公司向美国民间市场推出了 2 人合作的新产品 SR-25 半自动步枪。

　　SR-25 表示斯通纳步枪，"S" 表示 "Stoner"（斯通纳），"R" 表示 "Rifle"（步枪），而 "25" 则是 AR-10 和 AR-15 相加得出的，这是因为 SR-25 是将 AR-10 步枪和 AR-15 步枪相结合而成的产品，它们有 60% 的零件是直接取自这两支步枪的。目前，美国陆军、海军、海军陆战队以及一些私人军事承包商都已经装备了 SR-25 狙击步枪。

基本参数	
口径	7.62 毫米
全长	1118 毫米
枪管长	610 毫米
空枪重量	4.88 千克
枪口初速	853 米 / 秒
有效射程	600 米
弹容量	5/10/20 发

性能解析

　　SR-25 的枪管是浮置式安装的，枪管只与上机匣连接，两脚架安在枪管套筒上，枪管套筒不接触枪管。SR-25 没有机械瞄具，所有型号都有皮卡汀尼导轨，用来安装各种型号的瞄准镜或者带有机械瞄具的 M16A4 提把（准星在导轨前面）。SR-25 的野外分解和维护比 M16 突击步枪更加方便，在勤务性能方面也毫不逊色。

美国 TAC-50 狙击步枪

TAC-50 是由美国麦克米兰公司在 1980 年推出的狙击步枪，主要用于军队及执法部门。

研发历史

TAC-50 是由美国麦克米兰兄弟步枪公司在 1980 年推出的反器材步枪。2000 年，加拿大军队将 TAC-50 选为制式武器，并重新命名为 "C15 长程狙击武器"。美国海军 "海豹" 突击队也采用了该枪，命名为 Mk 15 狙击步枪。除此之外，TAC-50 的用户还包括法

基本参数	
口径	12.7 毫米
全长	1448 毫米
枪管长	736 毫米
空枪重量	11.8 千克
枪口初速	850 米 / 秒
有效射程	2000 米
弹容量	5 发

国海军突击队、格鲁吉亚陆军特种部队、约旦特别侦察团、波兰陆军特种部队、南非警察特别任务队、土耳其陆军山区突击队、以色列特种部队和秘鲁陆军等。

性能解析

TAC-50 狙击步枪用的是 12.7×99 毫米 NATO 口径子弹，子弹高度和罐装可乐相同，破坏力惊人，狙击手可用来对付装甲车辆和直升机。该枪还因其有效射程远而闻名世界。2002 年，加拿大军队的罗布·福尔隆（Rob Furlong）下士在阿富汗某山谷上，用 TAC-50 在 2430 米距离外击中一名塔利班武装分子 RPK 机枪手，创出当时最远狙击距离的世界纪录，至 2009 年 11 月才被英军下士克雷格·哈里森以 2475 米的距离打破。

美国巴雷特 M82 狙击步枪

M82 是美国巴雷特公司研制的重型特殊用途狙击步枪，主要有 M82A1、M82A2 和 M82A3 三种型号。

研发历史

M82 源自朗尼·巴雷特（Ronnie Barrett）建立的使用 12.7×99 毫米 NATO（.50 BMG）口径弹药的半自动狙击步枪专案。该口径弹药原本是勃朗宁 M2HB 重机枪所用。M82 于 20 世纪 80 年代早期开始研发，1982 年造出第一把样枪并命名。1986 年，巴雷特研发出

基本参数	
口径	12.7 毫米
全长	1219 毫米
枪管长	508 毫米
空枪重量	14 千克
枪口初速	853 米/秒
有效射程	1800 米
弹容量	10 发

M82A1。1987 年，更先进的 M82A2 无托式步枪研发成功。M82 系列最新的产品是 M82A1M，被美国海军陆战队大量装备并命名为 M82A3 SASR。

性能解析

M82 是美军唯一的"特殊用途的狙击步枪"（SASR），可以用于反器材攻击和引爆弹药库。M82 搭配高能弹药，可以有效摧毁雷达站、卡车、战斗机（停放状态）等战略物资，因此也称为"反器材步枪"。美国海岸警卫队还使用 M82 进行反毒作战，有效打击了海岸附近的高速运毒小艇。

早期的 M82 狙击步枪

美国海军陆战队士兵正在使用 M82A3 狙击步枪

英国 AW 狙击步枪

　　AW 是英国精密国际公司北极作战（Arctic Warfare）系列狙击步枪的基本型，自从 20 世纪 80 年代问世至今，该枪在平民、警察和军队中均很普及。

研发历史

　　PM/L96 狙击步枪装备部队后，精密国际公司仍根据英军提出的要求继续进行改进，最终在 1990 年停止生产 PM/L96，转而生产新的改进型——AW 狙击步枪。

　　AW 原本只有 7.62 毫米口径型，1998 年又推出了 5.56 毫米口径型。精密国际公司以 AW 为基础，陆续推出了一系列不同类型的狙

基本参数	
口径	7.62 毫米
全长	1180 毫米
枪管长	660 毫米
空枪重量	6.5 千克
枪口初速	850 米 / 秒
有效射程	800 米
弹容量	10 发

击步枪，包括警用型 AWP、消声型 AWS、马格南型 AWM 和 .50 BMG 口径型 AW50 等。此外，上述型号中均有被称为 F 型的折叠枪托型，如 AW–F 或 AWM–F。除英国外，有超过 40 个国家购买了 AW 系列狙击步枪。

性能解析

　　AW 改进了 PM/L96 的枪机，操作更快捷，只需向上旋转 60 度和拉后 107 毫米，这种设计的优点很明显：射手在操作枪机时头部能始终靠在托腮处，因而狙击手可以一边保持瞄准镜中的景象，一边抛出弹壳和推弹进膛。而且该枪机还具有防冻功能，即使在零下 40 摄氏度的温度中仍能可靠地运作，而这一点也是英军特别要求的。

英国 L129A1 精确射手步枪

L129A1 是一款专为驻阿富汗英军而设计的精确射手步枪（狙击步枪），目前有限地在英军中服役，并将会取代所有以手动枪机操作的 L96A1。

研发历史

L129A1 是专门针对英军在阿富汗的实战经验中所遇到的问题而被提出来的。因英军现役的 L85A2 突击步枪、L86A2 轻型支援武器及 FN Minimi 轻机枪等 5.56 毫米口径的武器难以打中 500 米或更远距离的目标。因此，英军急需一款发射 7.62×51 毫米北约弹药，并能够轻易击中在 800 米以上距离目标的半

基本参数	
口径	7.62 毫米
全长	900 毫米
枪管长	410 毫米
空枪重量	4.4 千克
枪口初速	850 米 / 秒
有效射程	800 米
弹容量	20 发

自动狙击步枪。而这些步枪将会分发至各小队中使用，以掩护部队的行动，为他们提供狙击火力援助。

性能解析

L129A1 使用 AR–10 式的气动式和滚转式枪机操作，在外型上亦与 AR–10 有一定的相似度。在供弹方面，L129A1 使用由美国奈特军械公司生产的 20 发弹匣。除此之外，L129A1 还可对应抑制器、两脚架及 M203 榴弹发射器等战术配件。

瑞士 SIG SSG 3000 狙击步枪

　　SSG 3000 是瑞士 SIG 公司于 1984 年推出的一款 7.62 毫米口径狙击步枪，在欧洲及美国的执法机关和军队之中比较常见。

研发历史

　　SSG 3000 是以 Sauer 2000 STR 比赛型狙击步枪为蓝本设计而成的警用狙击步枪，1997 年开始生产。SSG 是德语 "Scharf Schutzen Gewehr" 的简称，意为 "精确射手步枪"。SSG 3000 的主要使用国包括巴西、智利、哥伦比亚、捷克、印度、挪威、斯洛伐克、韩国、泰国、美国和英国等。

基本参数	
口径	7.62 毫米
全长	1180 毫米
枪管长	600 毫米
空枪重量	5.44 千克
枪口初速	800 ～ 830 米 / 秒
有效射程	900 米
弹容量	5 发

性能解析

　　SSG 3000 狙击步枪采用模块式构造，枪管和机匣为一个组件，而扳机组和弹仓为一个组件，主要零件都可以快速转换。

　　SSG 3000 的重枪管由碳钢冷锻而成，枪管外壁带有传统的散热凹槽，而枪口位置也带有圆形凹槽。SSG 3000 可连上一条长织带遮蔽在枪管上方，其作用是防止枪管在暴晒下发热，上升的热气会在瞄准镜前方产生海市蜃楼，妨碍射手进行精确瞄准。SSG 3000 的枪口装置具有制动及消焰功能，两道火扳机可以单 / 双动击发，其射程和扳机力可调整。

比利时 FN Minimi 轻机枪

FN Minimi 轻机枪是 FN 公司在 20 世纪 70 年代研发的，主要装备步兵、伞兵和海军陆战队。

研发历史

20 世纪 70 年代初期，北约各国的主流通用机枪发射 7.62×51 毫米 NATO 枪弹。FN 公司设计 FN Minimi 轻机枪时，原本也打算发射这种枪弹，但为了推广本公司新研发的 5.56×45 毫米 SS109 弹药，使其成为新一代北约制式弹药，所以在加入美国陆军举行的班用自动武器评选（SAW）时，将 FN Minimi 轻机枪改为发射 5.56×45 毫米 SS109 弹药。

基本参数	
口径	5.56 毫米
全长	1038 毫米
枪管长	465 毫米
空枪重量	7.1 千克
枪口初速	922 米/秒
射速	750 发/分
有效射程	1000 米
弹容量	20/30/100 发

性能解析

FN Minimi 轻机枪采用开膛待击的方式，增强了枪膛的散热性能，能有效防止枪弹自燃。导气箍上有一个旋转式气体调节器，并有三个位置可调：一为正常使用，可以限制射速，以免弹药消耗量过大；一为在复杂气象条件下使用，通过加大导气管内的气流量，减少故障率，但射速会提高；还有一个位置是发射枪榴弹时用的。

法国陆军使用 FN Minimi 轻机枪

射击中的 FN Minimi 轻机枪

比利时 FN MAG 通用机枪

FN MAG 是由比利时 FN 公司枪械设计师欧内斯特·费尔菲（Ernest Vervier）于 20 世纪 50 年代初期研制及生产的一种轻重两用中型通用机枪。

研发历史

20 世纪 50 年代，比利时 FN 公司的设计师欧内斯特·费尔菲设计了一款新型的通用机枪——FN MAG 通用机枪（MAG 即"导气式机枪"）。至今该枪已有 60 多年的历史，由于其具有战术使用广泛、射速可调、结构坚实、机构动作可靠、适于持续射击等优点，目前仍装备于至少 75 个国家的部队，其中包括英国、美国、加拿大、比利时、瑞典等，总数达 15 万挺以上。

基本参数	
口径	7.62 毫米
全长	1235 毫米
枪管长	487.5 毫米
空枪重量	10.1 千克
枪口初速	825 ~ 840 米 / 秒
射速	250 发 / 分
有效射程	600 米
供弹方式	M13 弹链

性能解析

FN MAG 通用机枪主要特点是采用双程供弹方式，内外拨弹齿交替起拨弹和阻弹作用，使弹链在枪机复进和后坐过程中各移动 1/2 链距。

该枪机匣为长方形冲铆件，前后两端有所加强，分别容纳枪管节套活塞筒和枪托缓冲器。机匣内侧有纵向导轨，用以支撑和导引枪机和机框往复运动。闭锁支承面位于机匣底部，当闭锁完成时，闭锁杆抵在闭锁支承面上。机匣右侧有机柄导槽，抛壳口在机匣底部。机匣和枪管节套用断隔螺连接，枪管可以迅速更换。枪管正下方有导气孔，火药气体经由导气孔进入气体调节器。

美国 M2 重机枪

M2 是由约翰·勃朗宁在一战后设计的重机枪，发射 12.7×99 毫米大口径弹药。

研发历史

M2 是勃朗宁 M1917 的口径放大重制版本。1921 年，新枪完成基本设计，1923 年美军把当时的 M2 命名为"M1921"，并用于 1920 年的防空及反装甲作业。1926 年勃朗宁去世，在 1927—1932 年，由美国的塞缪尔·格林博士针对 M1921 的设计问题以及军方需求做出调整。1930 年，柯尔特还推出了 M1921 的部分改进版本，如 M1921A1 与 M1921E2。1932 年，改进版本正式被美军命名为 M2。

基本参数	
口径	12.7 毫米
全长	1650 毫米
枪管长	1140 毫米
空枪重量	38 千克
枪口初速	930 米 / 秒
射速	450 ~ 550 发 / 分
有效射程	1830 米
供弹方式	M9 弹链

性能解析

M2 重机枪使用 12.7 毫米口径 NATO 弹药，并且有高火力、弹道平稳、极远射程的优点，每分钟 450 ~ 550 发（二战时防空版本为每分钟 600 ~ 1200 发）的射速及后坐力作用系统令其在全自动发射时十分稳定，射击精准度高。

美国海军陆战队士兵在战车上使用 M2 重机枪

法国士兵正在使用 M2 重机枪对目标进行射击

美国 M60 通用机枪

M60 通用机枪从 20 世纪 50 年代末开始在美军服役，直到现在仍是美军的主要步兵武器之一。

研发历史

二战结束后，美国从战场上缴获了大量的德军枪械，使美国春天兵工厂从这些枪械中汲取了不少的设计经验。在参考 FG42 伞兵步枪和 MG42 通用机枪的部分设计之后，再结合桥梁工具与铸模公司的 T52 计划和通用汽车公司的 T161 计划，生产了全新的 T161E3 机枪（T 为美军武器试验代号）。1957 年，

基本参数	
口径	7.62 毫米
全长	1077 毫米
枪管长	560 毫米
空枪重量	12 千克
枪口初速	853 米 / 秒
射速	500 ~ 650 发 / 分
有效射程	1100 米
供弹方式	M13 弹链

T161E3 机枪在改进后正式命名为 M60 通用机枪，用以取代老旧的 M1917 及 M1919 重机枪。

性能解析

M60 通用机枪采用导气、气冷、开放式枪机设计，导气管固定在可更换的枪管上，枪管上附有两脚架，亦可对应 M2 三脚架及 M122 三脚架。在调整立式标尺后，可有效命中 200 米移动点目标及 600 米静止点目标。该枪总体来说性能还算优秀，但也有一些设计上的缺陷，例如，早期型 M60 的机匣进弹有问题，需要托平弹链才能正常射击。而且该枪的重量较大，不利于士兵携行，射速也相对较低，无法有效压制敌人火力点。

士兵正在使用 M60 通用机枪

装在战车上的 M60 通用机枪

美国 M249 轻机枪

M249 轻机枪是美国以比利时 FN 公司的 FN Minimi 轻机枪为基础改进而成的，从 1984 年开始在美军服役直到现在。

研发历史

20 世纪 60 年代，随着班用武器的小口径化，美军的班用机枪也在向这个方向发展。虽然美军装备有 M16 轻机枪和 M60 通用机枪，但前者的持续射击性不好，后者的重量又过大。

于是美军公开招标新型小口径机枪，当时有不少的老牌枪械公司来投标，其中就有比利时 FN 公司，角逐后，最终 FN 公司胜出。

基本参数	
口径	5.56 毫米
全长	1041 毫米
枪管长	521 毫米
空枪重量	7.5 千克
枪口初速	915 米 / 秒
射速	750 ~ 1000 发 / 分
有效射程	1000 米
供弹方式	M27 弹链

于是美军决定采用 FN 公司的机枪，并命名为 XM249 轻机枪。随后，美军又对 XM249 轻机枪做了一些测试，结果都符合他们的要求，于是就将 XM249 正式作为制式武器，并更名为 M249 轻机枪。

性能解析

M249 采用开放式枪机及气动式原理设计，当扣动扳机时，枪机和枪机连动座在受到复进簧的推力下向前移动，子弹脱离弹链并进入膛室，击针击发子弹后，膨胀气体经枪管进入导气管回到枪机内，并使弹壳、弹链扣排出，同时拉入弹链及带动枪机和枪机连动座回到待击状态，多余的气体会在导气管末端排气口排出。

此外，相对 FN Minimi 轻机枪来说，M249 轻机枪的改进包括加装枪管护板、采用新的液压气动后坐缓冲器等。

美国士兵使用 M249 轻机枪进行射击训练

装备 M249 轻机枪的美国士兵

美国 Mk 48 通用机枪

Mk 48 是轻型可散式弹链供弹的通用机枪，利用 M13 弹链发射火力强大的 7.62×51 毫米北约口径步枪子弹。

研发历史

Mk 48 是由 FN 公司旗下、位于南卡罗来纳州哥伦比亚的美国分公司生产（亦为美国军队承包生产 M16 突击步枪、M249 轻机枪和 M240 通用机枪系列的武器）。在该计划下，Mk 48 在 2003 年 3 月 21 日开始实行全速生产，并在 2003 年 8 月开始装备 Mk 48 通用机枪。从 2009 年开始，美国特种作战司令部向

基本参数	
口径	7.62 毫米
全长	1009 毫米
枪管长	501 毫米
空枪重量	8.2 千克
枪口初速	975 米 / 秒
射速	710 发 / 分
有效射程	800 米
供弹方式	M13 弹链

在阿富汗高海拔地区作战的美国陆军提供了一批 Mk 48，作为在 M240L（M240 的轻量化版本）实用列装之前的过渡性应急轻型中口径机枪。

性能解析

Mk 48 是一款气动式操作、气冷式、全自动射击和使用 M13 弹链供弹的通用机枪。这种武器配备有与 M249 相同的高度符合人体工学的固定聚合物枪托组件，内部容纳液压后坐缓冲装置和防滑底板。Mk 48 使用 M13 可散式弹链协助供弹，可散式弹链可配放在 100 发或 200 发硬塑料弹箱或是软帆布弹袋装载，下挂在机匣的底部。

美国 M134 迷你炮机枪

M134 迷你炮机枪是 7.62 毫米口径的高转速多管旋转式机枪，使用以外部供电能的加特林式的旋转枪管。

研发历史

M134 重机枪于 1963 年研发，并在当年服役，主要装备于武装车辆、舰船以及各型飞机。由于该枪火力威猛、弹速密集，常常被戏称为"迷你炮"。虽然该枪已诞生 50 多年，但依然在多个国家的军队中服役，其中包括美国、英国、法国、德国、澳大利亚和加拿大等国家。

基本参数	
口径	7.62 毫米
全长	800 毫米
枪管长	559 毫米
空枪重量	15.9 千克
枪口初速	869 米 / 秒
射速	2000 ~ 6000 发 / 分
最大射程	1000 米
供弹方式	弹链

性能解析

M134 重机枪采用回转联动装置，组件包括六根枪管、枪管夹持部件、枪管套管部件、一台驱动电机、后部枪支架和两个快速释放销等。该枪单支枪管的寿命为 100000 发，整枪寿命达 600000 发。该枪采用加特林机枪原理，用电动机带动六根枪管转动，在转动的过程中依次完成输弹入膛、闭锁、击发、退壳、抛壳等系列动作。

以色列 Negev 轻机枪

　　Negev 轻机枪是以色列国防军的制式多用途轻机枪，装备的部队包括所有的正规部队和特种部队。

研发历史

　　1990 年，以色列的军队，包括徒步士兵、车辆、飞机和船舶装备的机枪是 FN MAG58。虽然该机枪的通用性极好，但作为单兵器来说，该枪还是显得太笨重，不便于士兵的携带。因此，以色列国防军需要寻找一种新型的便于携带的轻机枪，来增强步兵分队的压制火力能力。按照军方的要求，以色列军事工业公司为他们打造了一款新型的轻机枪——Negev 轻机枪。

基本参数	
口径	5.56 毫米
全长	1020 毫米
枪管长	460 毫米
空枪重量	7.5 千克
枪口初速	950 米 / 秒
射速	650 ~ 850 发 / 分
最大射程	1000 米
供弹方式	弹链

性能解析

　　Negev 轻机枪使用的枪托可折叠存放或展开，这种灵活性，已经足以让 Negev 适应多种作战任务，如传统的军事应用或近距离战斗。后期型 Negev 配有独立前握把及可拆式激光瞄准器，也可装上短枪管，枪托折叠时不会阻碍弹盒，设计紧凑。

士兵正在使用 Negev 轻机枪进行射击训练

装备 Negev 轻机枪的以色列士兵

美国雷明顿 870 霰弹枪

雷明顿 870 是由美国雷明顿公司制造的泵动式霰弹枪，在军队、警队及民间市场颇为常见。

研发历史

M870 霰弹枪是雷明顿兵工厂于 20 世纪 50 年代初研制成功的，因其结构紧凑、性能可靠、价格合理，很快成为美国人喜爱的流行武器，并被美国军、警采用，雷明顿兵工厂也因此而成为美国执法机构和军队最爱采购武器

基本参数	
口径	18.53 毫米
全长	1280 毫米
枪管长	760 毫米
空枪重量	3.6 千克
有效射程	40 米
弹容量	9 发

的兵工厂之一。从 20 世纪 50 年代初至今，它一直是美国军、警界的专用装备，美国边防警卫队尤其钟爱此枪。

性能解析

M870 霰弹枪在恶劣气候条件下的耐用性和可靠性较好，尤其是改进型 M870 霰弹枪，采用了许多新工艺和备件，如采用了金属表面磷化处理等工艺，采用了斜准星、可调缺口照门式机械瞄具，配了一个弹容量为 7 发的加长式管形弹匣，在机匣左侧加装了一个可装 6 个空弹壳的马鞍形弹壳收集器，一个手推式保险按钮，一个三向可调式背带环并配用了一个旋转式激光瞄具。

美国莫斯伯格 500 霰弹枪

　　莫斯伯格 500 是美国莫斯伯格父子公司专门为警察和军事部队研制的泵动式霰弹枪。

研发历史

　　莫斯伯格 500 霰弹枪由莫斯伯格父子公司在 1961 年推出，被广泛用于射击比赛、狩猎、居家自卫和实用射击运动，也被世界各国的许多执法机构所采用，美军在 1966 年试验性地采购了少量莫斯伯格 500 后（同时也采购了雷明顿 870），在 1979 年又加大了采购数量，后来美军中的大部分莫斯伯格 500 被莫斯伯格 590 所取代。

基本参数	
口径	18.53 毫米
全长	784 毫米
枪管长	762 毫米
空枪重量	2.49 千克
枪口初速	475 米 / 秒
有效射程	40 米
弹容量	9 发

性能解析

　　莫斯伯格 500 有多种衍生型号，每种型号都有多种不同长度的枪管和弹仓、表面处理方式、枪托形状和材料。其中 12 号口径的 500A 型是最广泛的型号。莫斯伯格 500 的可靠性比较高，而且坚固耐用，加上价格合理，是雷明顿 870 有力的竞争对手。有些人认为莫斯伯格 500 的部件比较松动，操作起来有零件晃动或撞击的声音，但另一些人则认为这是为了提高在恶劣环境中的可靠性而增大容留泥沙污垢空隙所致，比如，野战环境的作战中或在沼泽地带狩猎水禽，莫斯伯格 500 霰弹枪均有不错的表现。

伊拉克战场上装备莫斯伯格 500 霰弹枪的美国士兵

装上红点镜的莫斯伯格 500 霰弹枪

意大利 M4 Super 90 霰弹枪

M4 Super 90 是由意大利伯奈利公司设计和生产的半自动霰弹枪（战斗霰弹枪），发射 12 号口径霰弹，被美军所采用后命名为 M1014 战斗霰弹枪。

研发历史

1998 年 5 月 4 日，美国陆军军备研究、开发及工程中心正式启动招标程序，寻求一种于美国三军能通用的新式半自动战斗霰弹枪。伯奈利公司于是设计和生产了 M4 Super 90 战斗霰弹枪。1998 年 8 月 4 日，M4 Super 90 霰弹枪样本在马里兰州阿伯丁试验场经过一连串测试后，证明了其性能方面的优越性，

基本参数	
口径	18.53 毫米
全长	885 毫米
枪管长	470 毫米
空枪重量	3.82 千克
枪口初速	475 米 / 秒
有效射程	40 米
弹容量	8 发

成功中标。1999 年初，美军将其命名为 M1014 三军联合战术霰弹枪。

性能解析

M4 Super 90 是半自动霰弹枪，但采用了新设计的导气式操作系统，而不是原来的惯性后坐系统。枪机仍然采用与 M1 和 M3 相同的双闭锁凸笋机头，但在枪管与弹仓之间的左右两侧以激光焊接法并排焊有 2 个活塞筒，每个活塞筒上都有导气孔和一个不锈钢活塞，在活塞筒的前面螺接有排气杆，排气杆上有弹簧阀，多余的火药气体通过弹簧阀逸出。M4 Super 90 的伸缩式枪托很特别，其贴腮板可以向右倾斜，这样可以方便戴防毒面具者进行贴腮瞄准。如果需要，伸缩式枪托可以在没有任何专用工具的辅助下更换成带握把的固定式枪托。

第3章
爆破反恐
武器

　　从二战至今，爆破武器的发展日新月异，性能、可靠性和威力更是得到了前所未有的提高，爆破武器是主要用于支援和加大己方火力的武器，不仅威力大，而且杀伤力强。由此可见，爆破武器在现代战场上的重要性。

美国 M26 手榴弹

M26 手榴弹是一款美国制造的破片式手榴弹。

研发历史

第二次世界大战后，美国军方总结了手榴弹在使用中出现的一些问题，开始研制一种配有触发 / 延期双功能引信的新型手榴弹。1949

基本参数	
总重	454 克
全长	99 毫米
直径	57 毫米

年，M26 手榴弹完成设计定型，并在 1952 年进入美军服役直到现在，它独特的柠檬状外形使为它赢得了"柠檬手榴弹"的美名。由于 M26 的传爆效果不理想并在安全上存在缺陷，因此产生了改进型 M26A1 手榴弹。60 年代初成功研制 M217 电引信后，又产生了改进型 M26A2 手榴弹。

性能解析

M26 手榴弹主要由弹体和引信两部分组成。由上下两部分咬合的卵形弹体用薄钢片制成，并衬以钢丝缠绕预制刻槽破片套，弹体内装炸药。M26 手榴弹配用 M204A1 或 M204A2 式延期引信。由 M6 式延期引信改进而成的 M204A1 式延期引信仍采用转臂式结构，但延期药管从引信体中分离出来，另外增加了密封垫圈，火帽上盖有锡箔，因此密封性能好。

美国 M67 手榴弹

　　M67 手榴弹是一种碎片式手榴弹。由于该手榴弹外形酷似苹果，因此又被称为"苹果手榴弹"。

研发历史

　　进入 21 世纪后，Mk 2 手榴弹的弊端开始显现出来，如体积大、杀伤力不足等。为了

基本参数	
总重	400 克
全长	90 毫米
直径	63.5 毫米

取代它，美军开始寻找更新型的手榴弹。之后，美国一家小型军械公司按照美军的要求设计出了 M67 手榴弹。

性能解析

　　M67 是一种碎片式手榴弹，主要使用于美国与加拿大军队，加拿大的编号是"C13"。M67 装有可以延迟 3 ～ 5 秒的信管，能轻易地投掷到 40 米以外。爆炸产生的手榴弹外壳碎裂弹片可以有效杀伤半径 15 米内的敌人，半径 5 米内可以致死。

美国 GBU–39 小直径炸弹

小直径炸弹就是美国非常成功的 JDAM "联合制导攻击武器" 的缩小版。

研发历史

小直径炸弹（SDB）是美国航空武器中心和空军研究试验室牵头开发的一种新型武器。2005 年 4 月 22 日，美国空军宣布小直径炸弹开始低速率初期生产，并于 2006 年 12 月开始交货。大多数美国空军战机可以在原使用 BRU–61/A 挂架（可挂载 1 枚 Mk84 2000 磅低阻力通用炸弹）处，装设一组 4 枚的小直径炸弹投射器。

基本参数	
全长	749 毫米
翼展	190 毫米
总重	130 千克
弹头重量	93 千克
有效射程	110 千米
穿透厚度	1.8 米

性能解析

小直径炸弹装备有全球卫星定位系统（Global Positioning System，GPS）和惯性导航系统（Inertial Navigation System，INS），可以摧毁如指挥控制通信中心、防空导弹基地、油库、机场、基础工事等大约涵盖了 80% 典型空袭行动中需要摧毁的目标。借助差分全球定位系统（Differential GPS，DGPS）地面控制站提供修正后的卫星信号，小直径炸弹的圆概率误差（Circular Error Probable, CEP）仅为 5 ~ 8 米，可有效降低附带损害。

运载中的 GBU-39 小直径炸弹

GBU-39 小直径炸弹前侧方特写

美国"炸弹之母"

大型空爆炸弹（Massive Ordnance Air Blast bomb，MOAB）是美国研制的非核子重型炸弹，代号 GBU-43/B，也被称为"炸弹之母"（Mother Of All Bombs）。

研发历史

"炸弹之母"于 2003 年 3 月 11 日在佛罗里达的一个试验基地进行首次测试，同年开始在美军服役。在阿富汗战争中，美军使用"炸弹之母"进行作战，并取得不错战绩。

基本参数	
全长	9188 毫米
直径	1030 毫米
总重	9450 千克
填充重量	8500 千克
爆炸当量	11 吨 TNT

性能解析

"炸弹之母"重达 9450 千克，可将半径 300 ~ 500 米的氧气燃烧到只有三分之一的浓度。由于它的巨大体积和重量，必须由 C-130 运输机或 C-17 运输机之类的货机投放。"炸弹之母"由全球定位系统引导，并且使用降落伞投放，因此与它的前辈 BLU-82 型炸弹相比，"炸弹之母"可以在更高的地方投下，准确性也更强。

"炸弹之母"侧面特写

"炸弹之母"后侧方特写

美国 BLU-118B 温压弹

BLU-118B 温压弹是一种产生热量与压力的弹药，杀伤力极强。

研发历史

2001 年 10 月，美国国防部加速开发了某些先期概念技术演示 (ACTD) 研究项目，以期在阿富汗"持久自由"作战中可以使用新研制的武器。美国海军水面武器研究中心的炸药专家研制出了温压炸药。BLU-118B 于 2001 年 12 月 14 日在内华达测试中心成功进行了测试。到 2002 年 1 月末，美国空军完成了使用 BLU-118B 战斗的技术数据收集和飞行允许高度的验证。

基本参数	
全长	2500 毫米
直径	370 毫米
总重	9450 千克
填充重量	250
爆炸当量	11 吨 TNT

性能解析

BLU-118B 温压弹采用固体炸药作为主体，爆炸物中含有氧化剂，固体炸药以气雾剂形式散开，形成爆炸粒子云后引爆。由于微小炸药颗粒的爆炸力极强，因此，BLU-118B 温压弹的爆炸效果比任何常规爆炸物更强劲，爆炸效果持续的时间也更持久。

俄罗斯 RGD-5 手榴弹

RGD-5 是苏联在二战后研制的一种手榴弹，并在 1954 年起列装苏联军队。

研发历史

从 1954 年服役至苏联解体，RGD-5 手榴弹参与了多次战争，甚至在多次反恐战争中也有优秀表现。至今，RGD-5 仍然在许多苏联国家和阿拉伯国家中服役。俄罗斯目前仍然库存有大量 RGD-5 手榴弹。

基本参数	
总重	310 克
全长	117 毫米
直径	58 毫米

性能解析

由于 RGD-5 手榴弹的生产成本低（每个 RGD-5 只需 5 美元）、便于生产和杀伤力较大且可控（有预制破片结构，在一定半径内威力可观，而又不会造成过大的杀伤半径）等优点，多个国家都生产它。RGD-5 还有一种专为训练而设计的改进型，称为 URG-N。与 RGD-5 不同，URG-N 是可以重复使用的，而其弹体上通常都会印有黑白两色的标记。

俄罗斯 RG-42 手榴弹

RG-42 是一种由苏联在二战期间紧急研发的手榴弹。

研发历史

RG-42 是苏联在二战期间紧急研发的手榴弹，其目的是取代 RGD-33 手榴弹。在战后这种手榴弹仍然普遍在华沙条约国家的军队中服役，并且多次出现在热点地区爆发的冲突中。

基本参数	
总重	420 克
全长	130 毫米
直径	55 毫米

性能解析

RG-42 手榴弹的独特之处在于不再使用铸铁弹体，而是用薄铁板冲压而成。它的外观为圆柱形，可分为上盖和弹体两个部分。上盖中心部位压接有一个引信座，引信座内加工有螺纹，引信通过引信座旋入弹体。如果去除引信的话，看起来酷似一个军用罐头。

南非 M32 MGL 榴弹发射器

M32 MGL 是南非米尔科姆有限公司生产的轻型双动操作肩射型榴弹发射器。

研发历史

1981 年，南非米尔科姆有限公司对南非国防军展示了连发式榴弹发射器（MGL）的基本设计概念，就立即被接受，随即全面展开研发工作。1983 年，MGL 正式在南非国防军中服役。MGL 有多种衍生型，如 MGL Mk 1、MGL Mk 1S、MGL Mk 1L、MGL-140 等，美国海军陆战队装备的 M32 MGL 就是在 MGL-140 基础上改进而来。

基本参数	
总重	5.3 千克
全长	812 毫米
枪管长	300 毫米
枪口初速	76 米 / 秒
有效射程	375 米

性能解析

M32 MGL 的设计简单、坚固，而且可靠。它采用了久经考验的左轮手枪的设计，实现高精确率的射击，并且可以迅速地发射，以迅速地达到对目标猛烈轰炸的火力。M32 MGL 配备了 M2A1 反射式瞄准镜，并具有 MIL-STD-1913 战术导轨以安装战术配件。虽然 M32 MGL 的主要用途是发射高爆榴弹以协助进攻和防御，但也可以装备适当的弹药以便在防暴途中和维和行动中作为枪械使用。

美国士兵在伊拉克使用 M32 MGL 榴弹发射器瞄准目标

正在装填 40 毫米榴弹的 M32 MGL 榴弹发射器

美国 M79 榴弹发射器

M79 榴弹发射器是由美国斯普林菲尔德兵工厂研制的单兵近战武器，主要用来杀伤有生目标。

研发历史

M79 榴弹发射器于 1953 年开始研制用于填补手榴弹与迫击炮之间的火力空白。1960年 10 月经美国陆军部批准正式定型并装备部队，目前，该榴弹发射器仍在英国、澳大利亚、韩国、伊朗及南美等近 30 个国家的军队中装备使用。

基本参数	
总重	2.95 千克
全长	731 毫米
枪管长	356 毫米
枪口初速	76 米 / 秒
有效射程	400 米

性能解析

M79 榴弹发射器是一种单发射击、枪管滑动开膛、后膛装填的肩射武器，结构简单坚固，使用方便，射击精度较好，除了能够杀伤有生目标，还具备破甲、照明、信号批示、施放烟幕等功能，以加强步兵火力。

M79 榴弹发射器由发射管、击发机构、机匣、护木与肩托、瞄准装置等组成。发射管用高强度铝合金制造，内有 6 条右旋等齐膛线。发射管后部有弹膛容纳弹药。击发机构用钢材制造，包括锁定发射管的卡榫、保险机构、扳机、击针和击锤等机构。在操作卡笋打开发射管完成装填动作的同时，保险机和击锤自动处于保险和待发状态。扳机护圈可左右转动，有利于冬季戴手套时操作。

M79 榴弹发射器及弹药

M249 机枪（左）与 M79 榴弹发射器（右）

美国 M203 榴弹发射器

M203 榴弹发射器是美国研制的单发下挂式榴弹发射器，主要应用于 M16 突击步枪及 M4 卡宾枪。

研发历史

1967 年 7 月，美国陆军武器研究部门宣布了一项名为"榴弹发射器附件研究"（GLAD）的研究计划，要求发展一种代替 XM148 的榴弹发射器。经过对比试验后，美国陆军于 1968 年 11 月决定采用 AAI 公司的榴弹发射器，并命名为 XM203。经过少量改进后，XM203 在 1970 年 8 月被正式命名为 M203。之后，M203 榴弹发射器开始装备美军部队。

基本参数	
口径	40 毫米
全长	380 毫米
枪管长	305 毫米
总重	1.36 千克
枪口初速	76 米 / 秒
有效射程	150 米

性能解析

M203 榴弹发射器下挂在步枪的护木下方，发射器的扳机在步枪弹匣前面，发射时用弹匣充当握把，附有可分离式的象限测距瞄准具及立式标尺。装填弹药时，先按下枪管锁钮将枪管向前推，便可从枪管后方装填弹药，一旦让枪管回复原位，撞针便会进入待发模式，瞄准并扣下扳机，即可发射榴弹。

M203 榴弹发射器的机匣有多种组件，包括与步枪的接合器、立式标尺（对应步枪前的准星）及象限测距瞄准具，可安装在 MIL-STD 1913 导轨或下挂在 M16 突击步枪上。

M203 榴弹发射器前侧方特写

士兵正在使用 M203 榴弹发射器执行作战任务

美国 M320 榴弹发射器

　　M320 榴弹发射器是德国黑克勒·科赫公司为美国军队研制的单发 40 毫米榴弹发射器。

研发历史

　　21 世纪初期，美国陆军要求以新的 40 毫米单发榴弹发射器替换日渐老旧的 M203 榴弹发射器，多家公司参与了竞标。2006 年，成功中标的德国黑克勒·科赫公司提供其设计的 XM320 榴弹发射器给美军试验，完成试验后改称为 M320 榴弹发射器，2008 年开始批量生产，2009 年开始服役。

基本参数	
口径	40 毫米
全长	285 毫米
枪管长	215 毫米
总重	1.27 千克
枪口初速	76 米 / 秒
有效射程	400 米

性能解析

　　M320 拥有双动扳机及两边可操作的安全装置，比 M203 更加灵活。M320 的瞄准标尺在护木侧面（可选择装在左侧或右侧），安装时无须重新校准，加快了步枪安装榴弹发射器的时间，也可于步枪损坏时拆下作紧急射击。与 M203 一样，M320 可安装在 M16 突击步枪、M4 卡宾枪上，位于枪管底下、弹匣前方。不过，M320 拥有整体式握把，无须以弹匣充当握把。目前，独立使用版的 M320 配有火控系统及类似 MP7 冲锋枪的开合式前握把。

美国陆军士兵正在使用 M320 榴弹发射器

士兵正在学习使用 M320 榴弹发射器

美国 Mk19 自动榴弹发射器

Mk19 榴弹发射器是美军从 20 世纪 60 年代装备至今的一种 40 毫米口径的全自动榴弹发射器。

研发历史

Mk19 榴弹发射器于 1966 年开始研制，1968 年开始批量生产。在越南战争中，Mk19 榴弹发射器是美国海军巡逻艇上的武器之一，其后美国陆军也有装备并做出改良。除美国外，以色列、瑞典、澳大利亚、波兰、阿根廷、埃

基本参数	
口径	40 毫米
全长	1090 毫米
枪管长	413 毫米
总重	35.2 千克
枪口初速	240 米 / 秒
有效射程	1500 米

及、希腊、新加坡、韩国和土耳其等多个国家也装备了 Mk19 榴弹发射器。

性能解析

Mk19 榴弹发射器采用后坐作用原理运作，即在扣动扳机后，榴弹会被送上枪管后端的膛室，枪机也随之前进，但在枪机完全前进到达定位前，便会击发，而榴弹发射后的反冲力量，有一部分会被枪机前进的力量抵消。Mk19 榴弹发射器所发射的弹药最小引爆距离为 75 米，其消焰器可以有效散去发射时喷出的烟雾，以免被敌人发现。夜间作战时，机匣顶部可安装 AN/TVS–5 夜视镜。Mk19 榴弹发射器可由两人以上的步兵携带，也可安装在车辆上，其常用弹药为 M430 多用途高爆弹，5 米范围可以致死，15 米内可以有效伤害，对付步兵尤其有效。

美国士兵正在使用 Mk19 自动榴弹发射器

Mk19 自动榴弹发射器正在发射弹药

美国 Mk 47 自动榴弹发射器

Mk 47 榴弹发射器是美国于 21 世纪初研制的 40 毫米口径自动榴弹发射器，也被称为"打击者 40"（Striker 40）。

研发历史

2006 年 7 月，通用动力公司获得 2300 万美元的 Mk 47 Mod 0 生产合约，其生产工作由通用动力公司在缅因州索科市的工厂完成。在此期间，通用动力公司与雷神公司就研制 Mk 47 榴弹发射器的轻量化视像瞄准设

基本参数	
口径	40 毫米
全长	940 毫米
枪管长	610 毫米
总重	18 千克
全宽	255 毫米
全高	205 毫米

备展开了合作。同年，美国特种作战司令部少量采用 Mk 47 榴弹发射器，这批武器被命名为"先进轻型自动榴弹发射器"（Advanced Lightweight Grenade Launcher，ALGL），并在阿富汗和伊拉克投入实战使用。2009 年 2 月，通用动力公司再度获得 1200 万美元的 Mk 47 Mod 0 生产合约。除美国外，澳大利亚、以色列和意大利也购买了 Mk 47 榴弹发射器。

性能解析

Mk 47 榴弹发射器配备了先进的检测、瞄准和电脑程序技术。该武器的轻量化视像瞄准设备是由雷神公司所生产，而其尖端的火控系统采用了最先进的激光测距系统、L2 夜视系统和弹道电脑技术。除能够像 Mk19 榴弹发射器一样发射所有北约标准的高速 40 毫米榴弹以外，Mk 47 还可发射在设定距离进行空爆的 MK285 聪明榴弹，其电脑化的瞄准设备能够让射手自行设定距离。

比利时 FN 40GL 榴弹发射器

FN 40GL 是由比利时 FN 公司开发的单发下挂式榴弹发射器，发射 40×46 毫米低速榴弹。

研发历史

1995 年，FN 公司推出采用模块化设计的 FN F2000 步枪，其枪管下方可以加装 GL1 下挂式榴弹发射器模块，其颜色及外观设计与 F2000 融为一体，并且命名为 GL1。

2004 年，FN SCAR-L 和 SCAR-H 也采用模块化设计，并加装有下挂式榴弹发射器组件，这个榴弹发射器正是以 GL1 为蓝本改进而成的，FN 公司内部命名为 "增强型榴弹发射器组件（EGLM）"，对外称为 FN 40GL。

基本参数	
口径	40 毫米
全长	673 毫米
枪管长	244 毫米
总重	1.14 千克
枪口初速	75 米 / 秒
有效射程	100 米

性能解析

FN 40GL 被视为第三代榴弹发射器，这意味着它是一个多功能的榴弹发射器：它不仅可以下挂于步枪上使用，还可以作为一个独立的系统。FN 40GL 由铝、复合材料和聚合物的材料所制成，其军用标准的坚硬铝合金制造枪管表面具有亚光黑的耐腐蚀处理，因此具有高耐用性和轻便等优势。FN 40GL 的膛室打开方式非常方便，无论采用何种射击姿势或在何种射击位置，都能够以自己顺手的方式打开膛室。

比利时士兵使用装有 FN 40GL 榴弹发射器的 FN SCAR H 战斗步枪

美国空军士兵使用 FN 40GL 榴弹发射器

德国 HK GMG 自动榴弹发射器

　　HK GMG 是由德国 HK 公司为德国联邦国防军设计和生产的车载用途型 40 毫米自动榴弹发射器，发射 40×53 毫米高速榴弹。

研发历史

　　1992 年，HK 公司在没有等到德国联邦国防军要求的情况下，自行开始研发全自动型榴弹发射器。1995 年，HK 公司生产了 4 台 HK GMG 的原型样机，当中的 3 台在当年 3 月交付德国联邦国防军在德国北部的梅彭试验场进行测试。当年中期开始进行实用性试验，在哈

基本参数	
口径	40 毫米
全长	1090 毫米
枪管长	415 毫米
总重	28.8 千克
枪口初速	241 米/秒
有效射程	600 米

默贝尔格更进行了实弹射击。1997 年 7 月，HK GMG 曾经于亚利桑那州尤马的沙漠地区试验场，进行热带与沙漠地带可靠性试验，以争取美军在未来的合同。到 1998 年中期，总共生产了 26 台 HK GMG 的原型样机。2000 年，德国联邦国防军终于正式选定改进过后的 HK GMG 作为制式兵器，并装备派遣到阿富汗的德军部队，经历了实战考验。

性能解析

　　HK GMG 配用的榴弹用钢制弹链联结使用，并且可以使用多个厂商开发的多种新型榴弹。HK GMG 由枪机、复进簧及导杆、扳机与扳机连杆组成枪机组件，而每个部件都有着固定的方向，这种结构不仅便于不完全分解，还可防止分解后零件散落丢失，或是重新组装时错装。枪管也无须使用工具即可拆卸更换。HK GMG 安装有三脚架，发射时，由于榴弹采用高低压发射原理，因此很少有发射管部件上跳等不适感，远比轻机枪的射击感觉舒适。

俄罗斯 RPG-7 反坦克火箭筒

RPG-7 火箭筒是苏联时期研制的单兵反坦克火箭筒，1961 年开始服役。

研发历史

20 世纪 50 年代末，随着世界各国主战坦克的装甲性能不断改进和提高，苏军装备的 RPG-2 火箭筒的威力已明显不足，而且射程近，喷火焰大。因此，苏联开始研制 RPG-2 火箭筒的替代装备，其成果就是 RPG-7 火箭筒。该火箭筒于 1961 年开始批量生产，到

基本参数	
口径	40 毫米
全长	950 毫米
破甲厚度	400 毫米
总重	7 千克
初速	115 米 / 秒
有效射程	200 米

1966 年为止，全部取代了 RPG-2 火箭筒，成为步兵班的制式反坦克武器。1968 年，苏军空降兵部队还装备了一种可折叠的 RPG-7A 火箭筒。除装备苏军外，RPG-7 火箭筒还大量装备其他国家的军队，目前世界上至少有 40 个国家使用 RPG-7 火箭筒，并有多个国家被授权进行生产或仿制。

性能解析

RPG-7 火箭筒由发射筒、瞄准具、手柄、护板、背带、两端护套、握把以及发射机构、击发机构、保险装置等组成。发射筒用合金钢制成，包括筒身和尾喷管两部分。前端有火箭弹定位销缺口，后端有护盘。筒身有准星座和表尺座，下部有握把连接耳、手柄固定凸壁和击针座室，筒身左侧有光学瞄准镜固定板，右面是两个固定护套带和背带环，木制护板由护板箍固定，起隔热作用。发射机构位于握把内。

手持 RPG-7 反坦克火箭筒的伊拉克士兵

阿富汗士兵使用 RPG-7 反坦克火箭筒

德国 HK79 附加型榴弹发射器

HK79 榴弹发射器是 HK 公司设计的 40×46 毫米口径枪管下挂式榴弹发射器。

研发历史

HK79 榴弹发射器是由 HK 69 改进而成，其用途类似美国的 M203。装在 HK 步枪下的 HK79 都会在步枪称呼后加上 TGS。在德国，HK79 仍然是德国联邦国防军的制式装备，但后来被 AG36 取代。目前，希腊、挪威、尼加拉瓜和巴拿马等国家都有采用 HK79 榴弹发射器。

基本参数	
口径	40 毫米
全长	350 毫米
枪管长	280 毫米
总重	1.67 千克
枪口初速	76 米 / 秒
有效射程	150 米

性能解析

HK79 是一种带下落式钢制发射管的单发武器，扳机设在护木左侧。发射器尾部装有滑动式保险装置，并用彩色圆环表示发射器所处的状态（白色圆环表示保险状态，红色圆环表示射击状态）。HK79 采用机械折叠式瞄准具，瞄准具安装在榴弹发射器的右侧，能够发射各种长度的 40 毫米杀伤弹、破甲弹、发烟弹、照明弹、催泪弹和防暴弹等。

德国 HK AG36 附加型榴弹发射器

HK AG36 榴弹发射器是德国 HK 公司于 21 世纪初设计生产的 40 毫米单发下挂式榴弹发射器。

研发历史

HK AG36 榴弹发射器是 HK 公司为了参加美国陆军的"增强型榴弹发射器模组"（Enhanced Grenade Launcher Module，EGLM）项目而研制的下挂式榴弹发射器，为了推广这种新的榴弹发射器，黑克勒·科赫公司还增加了枪托，

基本参数	
口径	40 毫米
全长	350 毫米
全宽	280 毫米
总重	1.5 千克
枪口初速	76 米 / 秒
有效射程	400 米

发展出可单独使用的型号。HK AG36 已被德国联邦国防军采用，取代 HK69A1 榴弹发射器。另外，HK AG36 也将成为德国"未来士兵系统"的一部分。除德国外，英国、法国、西班牙和土耳其等国也有装备 HK AG36 榴弹发射器。

性能解析

HK AG36 榴弹发射器使用便利的双动式扳机，发射机座的两侧都装有手动式保险杆。与美国 M203 榴弹发射器的设计相反，HK AG36 的设计是横向式装填，并可以在必要时使用更长的弹药，因此使用起来比较灵活，几乎能够发射所有的 40×46 毫米低速榴弹，包括橡胶子弹、防暴弹、催泪弹、烟幕弹、胡椒气体弹、照明弹、白磷弹、鹿弹、人员杀伤弹和高爆弹等。HK AG36 榴弹发射器装有 MIL−STD−1913 战术导轨，可安装激光瞄准器或其他辅助瞄准器。如果要把 HK AG36 由下挂式改装成为肩射型，只需要装上枪托组件即可。

新加坡 CIS 40 GL 附加型榴弹发射器

CIS 40 GL 榴弹发射器是由新加坡国防企业新加坡特许工业公司研发和生产的中折单发下挂式榴弹发射器。

研发历史

CIS 40 GL 榴弹发射器是 20 世纪 80 年代后期由新加坡特许工业公司自主研发与生产的，主要用于毁伤轻装甲目标和杀伤点面有生目标。目前由新加坡武装部队和其他几个国家的警察和安全部队所采用。

基本参数	
口径	40 毫米
全长	655 毫米
枪管长	305 毫米
总重	2.05 千克
枪口初速	76 米 / 秒
有效射程	100 米

性能解析

CIS 40 GL 是一种多用途的单发式榴弹发射器，既可以单独使用，也可以通过转接零件以下挂于大多数的突击步枪。它采用模块化结构设计，主要由机匣、枪管、机械瞄具（瞄准用的立式标尺）和枪托，四个部分所组成。CIS 40 GL 的设计是后膛装填，操作简便，先压下枪机容纳处左侧的一个兼作枪管闭合器的击发杆，然后以铰键为基点，把枪管向左面拉开，即可进行装弹。CIS 40 GL 也有一种枪管较短的衍生型，可以装在 SAR 21 突击步枪的护木以下。

美国 FGM-148 "标枪"导弹

FGM-148 "标枪"导弹是美国德州仪器公司和马丁·玛丽埃塔公司联合研发的单兵反坦克导弹。

研发历史

FGM-148 "标枪"导弹于 1989 年开始研制，研制工作由德州仪器公司和马丁·玛丽埃塔公司共同完成，1994 年开始批量生产，1996 年正式服役，取代控制手段落后的 M47 "龙"式反坦克导弹。FGM-148 "标枪"

基本参数	
直径	130 毫米
全长	1100 毫米
总重	22.3 千克
弹头重量	8.4 千克
最大速度	388 米/秒
有效射程	2500 米

导弹曾用于 2003 年的伊拉克战争，并对伊拉克的 T-72 坦克和 69 式坦克造成巨大威胁。在美国军队中，不仅普通部队大量装备 FGM-148 "标枪"导弹，特种部队也非常喜爱这种武器。

性能解析

FGM-148 "标枪"导弹是世界上第一种采用焦平面阵列技术的便携式反坦克导弹，配备了一个红外线成像搜寻器，并使用两枚锥形装药的纵列弹头，前一枚引爆任何爆炸性反应装甲，主弹头贯穿基本装甲。

FGM-148 "标枪"导弹是一种"射前锁定、射后不理"导弹，该系统对装甲车辆采用顶部攻击的飞行模式，攻击一般而言较薄的顶部装甲，但也可也用直接攻击模式攻击建筑物或防御阵地，直接攻击模式时也可以攻击直升机。顶部攻击时的飞行高度可达 150 米，直接攻击时则是 50 米。FGM-148 "标枪"导弹系统的缺点在于重量大，射程不远。

FGM-148"标枪"导弹发射产生的后焰

美国士兵正在发射 FGM-148"标枪"导弹

美国 BGM–71 "陶" 式导弹

BGM–71 "陶" 式反坦克导弹是美国休斯飞机公司研制的一种管式发射、光学瞄准、红外自动跟踪、有线制导的重型反坦克导弹武器系统。

研发历史

"陶" 式导弹最初由休斯飞机公司在 1963—1968 年研制，代号 XBGM–71A，设计目标是地面和直升机都能使用。1968 年，休斯飞机公司获得了一份全面生产合约。1970 年，美国陆军开始部署这种武器系统。在被采用后，"陶" 式导弹取代了当时服役的

基本参数	
直径	152 毫米
全长	1511 毫米
总重	22.6 千克
弹头重量	3.9 千克
最大速度	320 米/秒
有效射程	4200 米

106 毫米 M40 无后坐力炮和 MGM–32 "安塔克" 导弹，还取代了当时直升机使用的 AGM–22B 导弹作为机降反坦克武器。"陶" 式导弹一直不断地在升级改进，第一种改良型在 1978 年面世，"陶" 2（TOW 2）在 1983 年面世，"陶" 2A（TOW 2A）和 "陶" 2B（TOW 2B）在 1987 年面世。直到现在，"陶" 式导弹的改进仍在持续。不过，雷神公司已经取代休斯飞机公司，负责所有目前改进型的生产，同时也负责新型号的研制工作。

性能解析

"陶" 式导弹的发射平台种类很多，使用较为灵活。M220 发射器是步兵在使用 "陶" 式导弹时的发射器，但也可在其他平台上使用，包括 M151 MUTT 吉普车、M113 装甲运兵车和 "悍马" 车，这种发射器严格来说可以单兵携带，但非常笨重。"陶" 式导弹采用有线制导，射程受限，发射平台也容易遭到敌方火力打击。

美国士兵在伊拉克战场组装 BGM-71 "陶" 式导弹

士兵正在发射 BGM-71 "陶" 式导弹

美国 BGM-109 "战斧" 导弹

　　美国 BGM-109 "战斧" 是一种长程、全天候，具有短翼，以次音速巡航飞行的导弹。

研发历史

　　"战斧" 巡航导弹于 1972 年开始研制，1976 年首次试射，1983 年装备部队。1991年海湾战争中，"战斧" 巡航导弹首次投入大规模使用，美军的主要发射平台是游弋于波斯湾和红海的 18 艘军舰。2010 年 4 月 7 日，美国五角大楼官员表示 "战斧" 海基巡航导弹将在几年内退役。

基本参数	
直径	520 毫米
全长	6250 毫米
总重	1440 千克
负载重量	450 千克
最大速度	244 米 / 秒
有效射程	2500 千米

性能解析

　　"战斧" 导弹采用模组化设计，尽管各次型携带的弹头种类或者是导引系统并不完全相同，但是导弹内部的主要结构则是相通的。导弹的最前端是导引系统模组系统，模组后方的是一到两个前段弹身配载模组，这个模组可以携带燃料或者不同的弹头。第三段是弹身中段模组，是主要的燃料与弹翼的所在位置。之后依次是后段模组、动力模组、加力器模组。

　　"战斧" 导弹在航行中采用惯性制导加地形匹配或卫星全球定位修正制导，可以自动调整高度和速度进行高速攻击。导弹表层有吸收雷达波的涂层，具有隐身飞行性能。雷达很难探测到飞行的 "战斧" 导弹，因为这种导弹有着较小的雷达横截面，并且飞行高度较低。

美国 AGM-114 "地狱火" 导弹

AGM-114 "地狱火"（Hellfire）导弹是美国洛克希德·马丁公司研制的空对地导弹，有多种改进型号，时至今日仍然在役。

研发历史

AGM-114 "地狱火" 导弹最初是洛克希德·马丁公司在 "大黄蜂" 电视制导空对地导弹基础上研制的一种直升机发射的近程空对地导弹，主要用来攻击坦克，但也用于攻击地面其他小型目标。该导弹属美军第三、四代反坦克空对地导弹，其基本型 AGM-114A 于

基本参数	
直径	178 毫米
全长	1630 毫米
总重	49 千克
负载重量	9 千克
最大速度	442
有效射程	8 千米

1970 年提出研制,1971 年开始试验。1976 年,该导弹正式定为 AH-64"阿帕奇" 武装直升机的机载武器。1982 年和 1983 年, "地狱火" 导弹分别装备美国空军 UH-60 "黑鹰" 直升机和英国 "山猫" 直升机。1983 年,开始车载发射试验。1984 年，美国陆军航空兵和海军陆战队分别进行了大量试验，共发射导弹 200 多枚，命中率超过 90%。

性能解析

"地狱火" 导弹采用模块化设计，可根据战术需要和气象条件选择不同制导方式，配备不同导引头。弹体呈棍状，采用两组控制面。第一组位于弹体后部，4 片对称安装，径向长度较大，前端有切角，翼展不大。第二组位于弹体前部，尺寸较小，呈方形。头部有激光束接收窗口，透明的，可见内部装置。"地狱火" 导弹具有发射距离远、精度高、威力大等优势，采用激光制导，抗干扰能力强，需要目标照射保障。该导弹可以全天候使用，能在战场上的烟尘、雨雾中锁定目标。载机发射 "地狱火" 导弹后,行动不会受到限制,可以立即回避敌人攻击。

AH-1 直升机上挂载的 AGM-114 "地狱火" 导弹

MH-60 直升机发射 AGM-114 "地狱火" 导弹

美国 M61 火神式机炮

M61 火神式机炮是一种由美军开发的六管连发机关炮，经常被装载在战斗机、直升机上作为高射速近距离火炮系统。

研发历史

1946 年，美国陆军军械兵决定重新启用加特林理论，着手开发一种高速火炮系统，并希望能通过多根炮管回转方式达到高速射击的同时降低枪管温度与减少磨损的目标。

基本参数	
口径	20 毫米
全长	1827 毫米
总重	112 千克
枪口初速	1050 米 / 秒
发射速率	6000 发 / 分
供弹方式	弹链

1946 年 6 月，主力军品商通用电气（GE）承包到这项开发计划且将其命名为"火神计划"（Project Vulcan），成为火神炮这一称呼的由来。1950 年，通用电气呈报了 10 具 .60 口径的 T45 A 型原型机炮给军方评估，1952 年时又追加了 33 具 T45 C 型原型机炮，在经过很长时间的测试后，军方决定选择 T171 型 20 毫米炮作为存续款式继续发展下去，并且在 1956 年时正式被美国陆军制定为标准系统。

性能解析

M61 火神式机炮的六根枪管在每转一圈的过程中只轮流击发一次，因此无论是产生的温度或造成的磨损，都能限制在最小限度内。虽然它是六管轮动发射，仍然可以做到每秒钟高达 100 发的高速射击，给予战机驾驶在瞬间以最大火力击杀对手的能力。因此，M61 主要被用于短程的空对空射击，填补短距离内因应变时间不足而无法使用空对空导弹等较复杂装备的杀伤力空白。

瑞典卡尔·古斯塔夫无后坐力炮

卡尔·古斯塔夫无后坐力炮是由瑞典萨伯博福斯动力公司于20世纪40年代研制的单兵携带多用途无后坐力炮。

研发历史

卡尔·古斯塔夫无后坐力炮是由雨果·艾布拉姆森（Hugo Abramson）和哈拉尔德·延森（Harald Jentzen）设计，1948年首次装备于瑞典国防军。之后，卡尔·古斯塔夫无后坐力炮陆续被其他数十个国家采用，并推出了多种改进型。2014年2月，卡尔·古斯塔夫无后坐力炮M3型被美国陆军选为制式武器。直到现在，卡尔·古斯塔夫无后坐力炮仍在生产。

基本参数	
口径	84 毫米
全长	1110 毫米
总重	8.5 千克
炮口初速	255 米 / 秒
发射速率	6 发 / 分
有效射程	1000 米

性能解析

卡尔·古斯塔夫无后坐力炮是由最主要的炮管连接后膛的"文丘里"式后坐缓冲器，加上炮管前面的两个握把（分别是垂直前握把和手枪握把），以及枪托组件和两脚式支架的接口所组成的。主体分为燃烧室和导向管两部分。早期的M2和M2–550型由金属制成，而M3型则由玻璃纤维和碳纤维增强塑料制成。卡尔·古斯塔夫无后坐力炮装有机械瞄具，但更常见的是利用左侧的光学瞄准镜支座上装上的3倍放大倍率的光学瞄准镜。

卡尔·古斯塔夫无后坐力炮可以站立、跪式、坐式或俯卧位射击，并可以在枪托组件的前面装上两脚式支架固定于地面以及进行射击。这款武器通常由两个人为一小队协同操作，其中一人负责携带武器和射击，另一人则负责携带弹药并且协助重新装填。

美国特种士兵正在使用卡尔·古斯塔夫无后坐力炮

发射中的卡尔·古斯塔夫无后坐力炮

美国 M18A1 "阔刀" 地雷

M18A1 "阔刀" 地雷是美军于 20 世纪 60 年代研制的一种定向人员杀伤地雷，又译为 "克莱默尔" 人员杀伤地雷。

研发历史

M18A1 "阔刀" 地雷的前身为美国于 20 世纪 50 年代研制的 M18 地雷，该地雷长 216 毫米，宽 35.5 毫米，高 81.3 毫米，重 1.59

基本参数	
长	216 毫米
宽	35.5 毫米
高	81.3 毫米
重	1.59 千克

千克。里面含有增强杀伤力的 700 粒钢珠和 680 克 C4 塑胶炸药。而作为 M18 的改进型，M18A1 "阔刀" 地雷不论是外型还是内部结构都与第一代 M18 相似，唯一的区别在于 M18A1 "阔刀" 地雷的外壳顶上加装了一个简易的瞄准具。M18A1 "阔刀" 地雷于 1960 年开始服役，直到现在仍然是美国军队的重要武器装备。

性能解析

M18A1 "阔刀" 地雷的引爆方式主要有电缆控制式和绊发式，内有预制的破片沟痕，在爆炸后，破片会向预定的方向飞出，地雷内藏的钢珠数量巨大，可对攻击目标造成极大的伤害。据美军地雷手册介绍，M18A1 "阔刀" 地雷的爆炸杀伤范围为前方 50 米，以 60 度广角的扇形范围扩散，伤害高度为 2 ~ 2.4 米。内置的钢珠最远可飞到 250 米外，其中 100 米左右距离为的中度杀伤范围。此外，M18A1 "阔刀" 地雷还有很好的防水性，即便在水中浸泡 2 小时仍能正常使用。

美国 M72 轻型反装甲武器

　　M72 轻型反装甲武器（M72 LAW）是美国黑森东方公司于 20 世纪 50 年代后期研制的一种 66 毫米口径反坦克火箭筒。

研发历史

　　二战期间，美国军队大量使用"巴祖卡"火箭筒，在战后仍持续使用。然而，"巴祖卡"火箭筒巨大、笨重且容易损坏，不但如此，它还需要两名经过训练且十分细心的士兵才能进行有效的操作。为了发展一种轻巧、便宜并可以广泛使用于各种状况下的单兵反坦克

基本参数	
口径	66 毫米
全长	880 毫米
总重	2.5 千克
炮口初速	145 米 / 秒
有效射程	200 米
破甲厚度	200 毫米

武器，美国军队对外发起了招标。1958 年，黑森东方公司开始研发 M72 轻型反装甲武器，1963 年初被美国陆军及海军陆战队采用，并取代 M31 枪榴弹和 M20A1 "超级巴祖卡"火箭筒，成为主要的单兵反坦克武器。由于性能优异，M72 在多次反恐战争中也有露面，并有良好表现。

性能解析

　　M72 LAW 由一个两截式的筒状发射管，以及装在其中的一枚火箭弹所组成。当系统尚未展开的时候，其外壳即为其水密组件，保护其中易受潮的火箭弹。扳机、握把、前后觇孔、后筒盖也均安装于外套管之上。内套管的部分则包括了撞针组件。展开时，内套管沿外套管上缘、扳机组件处的沟槽向后伸张，并与外套管上的扳机相互锁定。

　　尽管更具威力的 AT-4 反坦克火箭筒逐渐取代日益老旧的 M72 LAW，但后者却在伊拉克战争中找到新的用武之地，其消耗低和重量轻的特点，加上当地城镇和山区缺乏现代化重装目标，使 M72 LAW 成为理想的城市战利器。

美国 M224 迫击炮

M224 是一种由美军开发与生产的前装式滑膛迫击炮，主要用于为地面部队提供近距离的炮火支援。

研发历史

M224 迫击炮于 1971 年开始研制，设计目标是替换二战中所使用的 M2、M19 等老旧型号。1972 年 4 月完成工程试验，1977 年 7 月定型并命名为 M224 迫击炮。1978 年开始生产，1979 年装备美军步兵连、空中突击连

基本参数	
口径	66 毫米
全长	1000 毫米
总重	21.1 千克
发射速率	20 发 / 分
有效射程	70 ~ 3490 米
供弹方式	手动

和空降步兵连。为了提高使用灵活性，美国陆军在设计生产 M224 迫击炮的同时，还设计了单兵手提型。

性能解析

M224 迫击炮由炮身、炮架、座板、瞄具四部分组成，炮身由高强度合金钢制造，外刻螺纹状散热圈，并配备激光测距仪和迫击炮计算器。整个 M224 系统可以分解为 M225 型炮身、M170 型炮架、M7 型座板，以及 M64A1 型光学瞄准系统。这个迫击炮系统可以在支座和单手持握两种状态下使用，握把上还装有扳机，当发射角度太小，依靠炮弹自身重量无法触发引信时就可以扣动扳机来发射炮弹。

士兵正在发射 M224 迫击炮

美国海军陆战队正在练习使用 M224 迫击炮

美国 XM25 反防御目标应对系统

XM25 反防御目标应对系统是由 XM29 OICW 衍生出来的空爆榴弹发射器。

研发历史

XM25 反防御目标应对系统也被称为 "惩罚者"，它曾于 2010 年列装给在阿富汗战争中服役的美国陆军士兵 ，并打算于 2015 年末正式投入服役，然而因发生故障和政府削减计划预算等原因而导致其服役时间推迟。

基本参数	
口径	25 毫米
全长	749 毫米
总重	6.35 千克
炮口初速	210 米 / 秒
有效射程	500 米
弹容量	4 发

性能解析

XM25 反防御目标应对系统发射 25 毫米电子引信榴弹，这种榴弹被设计为当接近目标时在半空中引爆。武器上的激光测距仪具有确定目标距离的作用，用户能够手动设定引爆距离，而武器本体则会自动把引爆距离传送到膛室内的榴弹，榴弹在发射后便会以自转圈数追踪它已经走过的时间和距离，然后在适当时爆炸。这些特征令 XM25 在打击藏在掩盖物后或躲藏在地下的目标时比传统的榴弹发射器更为有效。

士兵正在使用 XM25 反防御目标应对系统

迷彩涂装的 XM25 反防御目标应对系统

瑞典 AT-4 反坦克火箭筒

AT-4 反坦克火箭筒是瑞典萨伯博福斯动力公司生产的一种单发式单兵反坦克武器。

研发历史

20 世纪 70 年代末，瑞典军方为了替换老式的 60 毫米火箭筒，开始了 AT-4 火箭筒的研究计划。AT-4 火箭筒由瑞典佛伦内德制造厂（现萨博·博福斯动力公司）设计，在瑞典军方还没有决定正式采用时，它就参加了美国

基本参数	
口径	25 毫米
全长	749 毫米
总重	6.35 千克
炮口初速	210 米 / 秒
有效射程	500 米
弹容量	4 发

陆军在 1983 年举行的步兵反坦克火箭的竞标，并击败众多对手，成为最后的赢家。1985 年 9 月，美国陆军正式决定订购 27 万支 AT-4 火箭筒，以取代之前装备的 M72 LAW 火箭筒。有了这次成功的竞标，AT-4 火箭筒名声大振。

性能解析

AT-4 火箭筒是预装弹，射击后抛弃的一次性使用武器，采用无后坐力炮发射原理。火箭筒包括发射筒、铝合金喷管、击发机构、简易机械瞄准具、肩托、背带和前后保护密封盖等，发射筒是铝合金内衬外绕玻璃纤维制成的。该火箭筒的突出特点是采用高低压药室结构，发射药装在高强度铝合金高压室内，固定在发射筒尾部中央。发射时，发射药在高压室内充分燃烧，形成高压，然后进入低压室（铝制内衬发射筒）内，并在低压下膨胀做功，拉断高压室与弹丸之间的解脱销，将弹丸射出。

美国士兵使用 AT-4 反坦克火箭筒

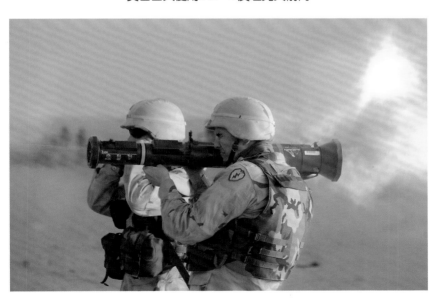

射击中的 AT-4 反坦克火箭筒

美国"弹簧刀"无人机

"弹簧刀"是美国航空环境公司开发的一种小型、杀伤性无人机。

研发历史

"弹簧刀"是由美国加利福尼亚航空环境公司生产的靠电池提供动力的小型无人机，美国陆军无人机系统项目助理蒂姆·奥因斯干脆就将其称为"自杀式无人机"。"弹簧刀"携带

基本参数	
空重	2.5 千克
最大速度	157 千米／小时
最大航程	10 千米
实用升限	4572 米

有监视仪器，可对移动目标实施跟踪监控，业界评论"弹簧刀"是一款操作简便的"单兵巡航导弹"。

性能解析

"弹簧刀"装备有一个小型弹头，一旦美军操作手认为目标值得攻击，"弹簧刀"就会收起机翼，变身成一枚小型巡航导弹，直接与其锁定的目标同归于尽。由于"弹簧刀"附带伤害少，因此尤其适用于城市作战。"弹簧刀"体型较小，步兵能轻松将"弹簧刀"装入背包中携带，即刻就能投入战斗。此外，航空环境公司还将生产更大或是更小的"弹簧刀"无人机，以适应不同的任务需求。

美国 MQ-1 "掠食者" 无人机

MQ-1 "掠食者" 是一种无人机，美国空军描述其为 "中海拔、长时程" 无人机系统。

研发历史

MQ-1 "掠食者" 是一种遥控飞行器，自 1995 年服役以来，该无人机参加过阿富汗、巴基斯坦、波斯尼亚、塞尔维亚、伊拉克、也门和利比亚等国家和地区的战斗。2011 年 9 月，美国空军国民警卫队表示尽管存在预算削减的困难，他们仍将继续操作空军的 MQ-1 "掠食者" 攻击无人机。空军国民警卫队已经将部分使用 F-16 战斗机的中队改为使用攻击无人机，并部署到了伊拉克和阿富汗。

基本参数	
机身长度	8.22 米
机身高度	2.1 米
翼展	14.8 米
空重	512 千克
最大起飞重量	1020 千克
最大速度	217 千米 / 时
实用升限	7620 米

性能解析

凭借国家雄厚的经济实力和先进技术，美军无人机已形成远、中、近程，大、中、小型，战略、战役、战术侦察，信息传输、电子对抗、对地攻击等多种类型梯次搭配的体系。MQ-1 "掠食者" 除了担任 "攻击机" 的角色之外，还可以执行 "侦察机" 的任务。可发射 AGM-114 "地狱火" 导弹和 FIM-92 "针刺" 便携式防空导弹。

MQ-1"掠食者"无人机侧下方特写

MQ-1"掠食者"无人机侧方特写

第 4 章
反恐火力
支援武器

　　火力支援武器是支援军队作战行动的火力突击武器，主要包括航空火力支援与地面火力支援。防御时以不间断的火力支援部队抗击敌人冲击，制止敌人的迂回包围，支援己方预备队反冲击、反击或反突击。反恐战场上常见的火力支援武器包括攻击机、战斗机、轰炸机与火炮等。

英国 / 美国 AV-8B "海鹞 II" 攻击机

AV-8B "海鹞 II" 是美国麦克唐纳·道格拉斯公司生产的短距 / 垂直起降攻击机。

研发历史

AV-8B 的原始设计源于英国 "鹞 II" 攻击机，在美国生产的编号为 AV-8A，1978 年 11 月 9 日首次试飞。鉴于 AV-8A 的性能不能完全满足美国海军陆战队的需要，尤其是载弹量不足，因此，负责生产的克唐纳·道格拉斯公司将其改进为 AV-8B。AV-8B 攻击机的主要用户包括美国海军陆战队、英国皇家空军、英国皇家海军等。

基本参数	
机身长度	14.12 米
机身高度	3.55 米
翼展	9.25 米
乘员	1 人
空重	6745 千克
最大起飞重量	14000 千克
最大速度	1083 千米 / 小时
最大航程	2200 千米

性能解析

AV-8B 在减重上下了很大的功夫，其中采用复合材料的主翼是主要改良项目之一。AV-8B 的机身前段也使用了大量的复合材料，减掉了大约 68 千克的重量。其他采用复合材料的部分包括升力提升装置、水平尾翼、尾舵，只有垂直尾翼、主翼与水平尾翼的前缘及翼端、机身中段及后段等处使用金属质材。AV-8B 的超临界主翼比 AV-8A 的主翼厚，同时翼展增加 20%，后掠角减少 10%，面积增加 14.5%，每边也各增加一个挂架，导致 AV-8B 的飞行速度逊于 AV-8A，但是在升力上的表现却比 AV-8A 优异。

AV-8B 安装了前视红外探测系统、夜视镜等夜间攻击设备，夜战能力很强，适于前线使用，是目前世界上最先进并服役的亚音速垂直 / 短距起降攻击机。

正在起飞的 AV-8B "海鹞Ⅱ" 攻击机

在空中加油的 AV-8B "海鹞Ⅱ" 攻击机

美国 F/A-18 "大黄蜂" 战斗攻击机

F/A-18 是诺斯洛普和麦克唐纳·道格拉斯研发的战斗／攻击机，绰号"大黄蜂"（Hornet）。

研发历史

诺斯洛普与麦克唐纳·道格拉斯最初计划开发战斗机版 F-18 与攻击机版 A-18 两种型号，最后二合一变成"空、地双用"的 F/A-18 战斗攻击机。F/A-18 于 1978 年 11 月首次试飞，1983 年正式服役。

性能解析

F/A-18 采用双发动机和双垂直尾翼的外

基本参数	
机身长度	17.1 米
机身高度	4.7 米
翼展	11.43 米
乘员	1 ~ 2 人
空重	11200 千克
最大起飞重量	23400 千克
最大速度	1814 千米／小时
最大航程	3330 千米
最大升限	15000 米

形结构，为了让飞行员能顺利地独自执行各类任务，F/A-18 导入了先进的数码化概念与玻璃座舱。该机还非常重视后勤维护方面的便利性，其维修和维护都降低了人工成本。F/A-18 的前四个机型都为 9 个挂载点，其中翼端 2 个、翼下 4 个、机腹 3 个，外挂载荷最高可达 6215 千克。新型的 F/A-18E/F "超级大黄蜂"的武器挂点有所增加，不但能携带更多的武器，而且可外挂多达 5 个副油箱，并具备空中加油能力。

在阿富汗上空飞行的 F/A-18"大黄蜂"战斗攻击机

F/A-18"大黄蜂"战斗攻击机侧面特写

美国 F-117 "夜鹰" 战斗攻击机

F-117 "夜鹰"（Nighthawk）是美国洛克希德公司研制的战斗攻击机。

研发历史

F-117 的设计始于 20 世纪 70 年代末，1981 年 6 月 15 日试飞成功，次年 8 月 23 日开始向美国空军交付。1988 年 11 月 10 日，美国空军首次公布了该机的照片。在 1991 年的 "沙漠风暴" 行动期间，F-117 出击近 1300 次，在防空炮火中袭击了伊拉克 1600 个有价值的目标，竟无一架受损。在 2001 年阿富汗战争中，F-117 参与了 "持久自由" 行动。F-117 也曾参与过 2003 年入侵伊拉克的行动。2008 年，F-117 退役。

基本参数	
机身长度	20.09 米
机身高度	3.78 米
翼展	13.20 米
乘员	1 人
空重	13380 千克
最大起飞重量	23800 千克
最大速度	993 千米 / 小时
最大航程	1720 千米
最大升限	13716 米

性能解析

F-117 由 2 台通用电气 F404 无后燃器型涡轮风扇发动机提供动力。为了达到隐形目的，F-117 牺牲了 30% 的引擎效率，并采用了一对高展弦比的机翼。由于需要向两侧折射雷达波，F-117 还采用了很高的后掠角的后掠翼。为了降低电磁波的发散和雷达截面积，F-117 没有配备雷达。理论上，F-117 几乎能携带任何美国空军军械库内的武器，包含 B-61 核弹。只有少数的炸弹因为体积太大，或是和 F-117 的系统不相容而无法携带。

美国 A-10"雷电 II"攻击机

A-10"雷电 II"（Thunderbolt II）是美国费尔柴德公司研制的双发单座攻击机。

研发历史

基本参数	
机身长度	16.16 米
机身高度	4.42 米
翼展	17.42 米
乘员	1 人
空重	11321 千克
最大起飞重量	23000 千克
最大速度	706 千米 / 小时
最大航程	4150 千米
最大升限	13700 米

A-10 源于 1966 年 9 月美国空军正式开展的攻击机试验计划。A-10 于 1972 年 5 月首次试飞，1975 年开始装备美国空军。2001 年美军攻打阿富汗的反恐战争时，A-10 刚开始并没有参与任何攻击行动，直到 2002 年 3 月，才参与了"森蚺行动"，在此次战争中，A-10 的表现相当不错，战绩甚至比在科索沃战争中还要优秀。次年的伊拉克战争，共有 60 架 A-10 攻击机被部署在伊拉克。

性能解析

A-10 作为一款近距攻击机，并不需要很高的飞行速度，较低的速度使其能拥有更高的命中率。该机采用的是无后掠角的平直下单翼，机身的装甲防护极强，机头的澡盆形座舱为 38 毫米防弹钢制作而成，在机腹上也有 50 毫米厚的装甲，全机重达 550 千克的装甲防护使其能够承受 23 毫米机炮的打击。

A-10"雷电 II"攻击机进行编队飞行

A-10"雷电 II"攻击机投掷导弹

美国 AC-130 "空中炮艇" 攻击机

　　AC-130 "空中炮艇"（Gunship）是美军有史以来最成功的攻击机，至今仍在服役。

研发历史

　　AC-130 于 1966 年首飞，1968 年开始服役。迄今为止，AC-130 迄今共出现六种不同版本，分别是洛克希德负责改装的 AC-130A/E/H 三型，与由洛克威尔操刀的 AC-130U "幽灵" 式（Spooky）。至于最新一代的则为洛克希德负责改装的 AC-130J "幽灵骑士"（Ghostrider）与 AC-130W "螫刺 II"

基本参数	
机身长度	29.8 米
机身高度	11.7 米
翼展	40.4 米
乘员	13 人
最大起飞重量	69750 千克
最大速度	480 千米 / 小时
最大航程	4070 千米
最大升限	9100 米

（Stinger II），新加入了导向导弹与精准炸弹的发射能力，成为具有视距外作战能力的机种。

性能解析

　　AC-130 装有各型口径不同的机炮，再加上后期机种所搭载的博福斯炮或榴弹炮等重型火炮，对于零星分布于地面、缺乏空中火力保护的部队有致命性的打击能力。为了强化 AC-130 的攻击火力与战场生存率，2005 年美国空军特种作战司令部（AFSOC）也开始评估在 AC-130 上换装 120 毫米迫击炮系统。除了拥有更远的攻击距离与较佳的破坏力之外，120 毫米的主炮与美国其他军种所使用的弹药有更高的通用性。

美国 B-1 "枪骑兵" 轰炸机

B-1 "枪骑兵"（Lancer）是北美飞机公司研制的超音速轰炸机。

研发历史

1974 年 12 月 23 日，B-1A 原型机首飞，后由于造价高昂其订单被卡特总统取消。1981 年，里根总统上台后，美军恢复订购。新的 B-1B 于 1983 年 3 月首飞，1985 年正式量产。在 2001 年阿富汗战争初期，8 架 B-1B 扮演着十分重要的空中轰炸角色，投掷了大约 3900 枚包括 JDAM 在内的各型传统炸弹。而之后在第二次伊拉克战争中，亦有少量 B-1B 参与空袭任务。

基本参数	
机身长度	44.5 米
机身高度	10.4 米
翼展	41.8 米
乘员	4 人
空重	87100 千克
最大起飞重量	216400 千克
最大速度	1529 千米 / 小时
最大航程	11998 千米
最大升限	18000 米

性能解析

B-1 机体的最大特点是变后掠翼布局、翼身融合体技术。其机身两侧安装活动前翼，略带后掠角，无副翼，横向操纵完全靠机翼上的扰流片和全动平尾的差动来实现。机身和机翼之间没有明显的交接线，极大地减少了阻力，并增加了升力。该机起飞时，变后掠翼处在最小后掠角位置，以获得最大升力。高速飞行时，收回到大后掠角的状态，以减小阻力，提高飞行速度。B-1 轰炸机有 6 个外挂点，可携挂 27000 千克炸弹，3 个内置弹舱，可携挂 34000 千克炸弹。

美国 B-52 "同温层堡垒" 轰炸机

B-52 "同温层堡垒"（Stratofortress）是波音公司研制的战略轰炸机。

研发历史

B-52 于 1948 年提出设计方案，1952 年 4 月首次试飞，1955 年开始装备美国空军。由于 B-52 的升限最高可处于地球同温层，所以被称为 "同温层堡垒"。B-52 是具有发射巡航导弹能力的美国战略轰炸机中最物美价廉的机种，这也是美军选择让 B-52 继续服役至今的重要原因。

性能解析

基本参数	
机身长度	48.5 米
机身高度	12.4 米
翼展	56.4 米
乘员	5 人
空重	83250 千克
最大起飞重量	220000 千克
最大速度	1000 千米 / 小时
最大航程	16232 千米
最大升限	15000 米

B-52 的机身结构为细长的全金属半硬壳式，侧面平滑，截面呈圆角矩形。前段为气密乘员舱，中段上部为油箱，尾段为炸弹舱，空中加油受油口在前机身顶部。后段逐步变细，尾部是炮塔，其上方是增压的射击员舱。动力装置为 8 台普惠 TF33-P-3/103 涡轮风扇发动机，分 4 组分别吊装于两侧机翼之下。B-52 不同型号的尾部装有不同的机枪，如 G 型装有 4 挺 12.7 毫米机枪。B-52 的载弹量非常大，能携带 31 500 千克各型核弹和常规弹药。

B-52 轰炸机及其挂载武器

B-52 轰炸机底部特写

美国 F-111 "土豚" 战斗轰炸机

F-111 "土豚"（Aardvark）是通用动力公司研制的战斗轰炸机。

研发历史

　　F-111 于 1960 年开始研发，1967 年首飞。当时美国空军的设计需求是一架能够全天候以低空高速进行远程攻击的战术轰炸机，而海军的需求则是一架能够长时间滞空的舰队防空用截击机。但是开发中的许多问题导致舰载截击机版本的设计（F-111B）没有实现，F-111最后仅为空军采用。

基本参数	
机身长度	22.4 米
机身高度	5.22 米
翼展	19.2 米
乘员	2 人
空重	21537 千克
最大起飞重量	44896 千克
最大速度	2655 千米 / 小时
最大航程	6760 千米
最大升限	20100 米

性能解析

　　F-111 拥有诸多当时的最新技术，包含几何可变翼、后燃器、涡轮风扇发动机和低空地形追踪雷达。F-111 采用了双座、双发、上单翼和倒 T 形尾翼的总体布局形式，起落架为前三点式。最大特点是采用了变后掠机翼，这是该技术首次应用于实用型飞机。F-111 通常装两台 TF30-P-3 加力涡轮风扇发动机，单台推力 5650 千克。该机的武器系统包括机身弹舱和 8 个翼下挂架，可携带普通炸弹、导弹和核弹。

F-111 战斗轰炸机进行编队飞行

投掷导弹的 F-111 战斗轰炸机

美国 B-2 "幽灵" 战略轰炸机

B-2 "幽灵"（Spirit）是目前世界上唯一的隐身战略轰炸机。

研发历史

1989 年 7 月，B-2 原型机首飞，之后又经历了军方进行的多次试飞和严格检验，生产厂家还不断根据空军所提出的种种意见进行设计修改。1997 年，B-2 正式服役。因造价太过昂贵和保养维护复杂等原因，B-2 至今一共只生产了 21 架。由于其性能优异，B-2 轰炸机曾参与海湾战争、科索沃战争等。

性能解析

基本参数	
机身长度	21 米
机身高度	5.18 米
翼展	52.4 米
乘员	2 人
空重	71700 千克
最大起飞重量	170600 千克
最大速度	764 千米 / 小时
最大航程	10400 千米
最大升限	15000 米

由于采用了先进奇特的外形结构，B-2 的可探测性极低，使其能够在较危险的区域飞行，执行战略轰炸任务。该机最大航程超过 1 万千米，而且安装有空中受油装置，具备空中加油能力，大大增加了作战半径。该机每次执行任务的空中飞行时间一般不少于 10 小时。美国空军称其具有 "全球到达" 和 "全球摧毁" 的能力，可在接到命令后数小时内由美国本土起飞，攻击全球大部分地区的目标。

B-2战略轰炸机前方特写

美国 F-15E "攻击鹰" 战斗轰炸机

F-15E "攻击鹰"（Strike Eagle）是麦道公司在 F-15 "鹰" 的基础上改进而来的双座超音速战斗轰炸机。

研发历史

F-15E 于 1986 年 12 月首飞，第一架生产机型则在 1988 年 4 月交付使用。另外，F-15E 的衍生型包括以色列的 F-15I、韩国的 F-15K 等。美国空军准备以 F-22 "猛禽" 战斗机取代 F-15C/D，但尚无预定取代 F-15E 的机型。2009 年 11 月 26 日，美军一架 F-15E 战斗轰炸机从阿富汗战场上飞过，尽管 F-15E 挂载的 JDAM 威力巨大，但对付阿富汗的土坯建筑效果却并不理想。

基本参数	
机身长度	19.43 米
机身高度	5.63 米
翼展	13.05 米
乘员	2 人
空重	14515 千克
最大起飞重量	36741 千克
最大速度	3060 千米 / 小时
最大航程	4445 千米
最大升限	17000 米

性能解析

F-15E 兼具对地攻击和空中优势能力。该机在外形上与 F-15D 基本相同，重新设计了发动机舱以及部分结构，使航程增加了 33%，武器挂架增加了一倍，除原挂架外，在每个保形油箱边还有 6 个挂架，采用了具有自动地形跟踪能力三余度的数字式电传操纵系统和先进的电子座舱显示系统。

急速飞行的 F－15E 战斗轰炸机

F－15E 战斗轰炸机侧面特写

美国 F-15 "鹰" 式战斗机

F-15 "鹰"（Eagle）是美国麦道公司研发的全天候战斗机。

研发历史

1962 年，美军展开 F-X（Fighter-Experimental）计划，并于 1966 年 4 月开始招标。1969 年，麦道公司赢得竞标。1972 年 7 月，单座型 F-15A 进行首次试飞，翌年 7 月，双座型 F-15B 首次试飞。1974 年 11 月，首架 F-15 生产型交付使用。

性能解析

F-15 气动布局出色，机翼负荷较低，并

基本参数	
机身长度	19.43 米
机身高度	5.68 米
翼展	13.03 米
乘员	1 ~ 2 人
空重	12973 千克
最大起飞重量	30800 千克
最大速度	3000 千米 / 小时
最大航程	5741 千米
最大升限	19800 米

具备较高的推重比，武器和飞行控制系统采用了先进的自动化设计。该机使用的多功能脉冲多普勒雷达具备较好的下视搜索能力，利用多普勒效应可避免目标的信号被地面噪声所掩盖，能追踪树梢高度的小型高速目标。F-15 装有一门 20 毫米 M61A1 机炮。共有 11 个武器挂架，其中机翼 6 个，机身 5 个。总外挂可达 7300 千克，可使用 AIM-7 "麻雀"、AIM-9 "响尾蛇" 和 AIM-120 "监狱" 等对空导弹，以及包括 GBU-28 重磅炸弹在内的多种对地武器。

美国 F-16 "战隼" 战斗机

F-16 "战隼"（Fighting Falcon）是通用动力公司研制的喷气式战斗机。

研发历史

20 世纪 70 年代，美国空军开始发展轻型战斗机计划（LWF），以与难以大规模生产的 F-15 形成高低搭配。通用动力公司研制的 F-16 于 1974 年 2 月首次试飞，1978 年开始服役。1992 年 12 月，通用动力宣布将 F-16 的生产线卖给洛克希德·马丁公司。

性能解析

F-16 为单发动机的多重任务战术战斗机，机身采用半硬壳式结构，外形短粗。机翼为悬臂式中单翼，与机身采用翼身融合体形连接，平面几何形状为切角三角形。起落架为前三点式，可收放在机身内部。F-16 强调在视距内进行缠斗，首次采用了线传飞控、倾斜座椅和侧置操纵杆等技术，是美国第一种有能力进行 9G 过载机动的战斗机。F-16 装有一门 20 毫米 M61 机炮，并可发射多种空对地导弹、空对舰导弹和空对空导弹。

基本参数	
机身长度	15.02 米
机身高度	5.09 米
翼展	9.45 米
乘员	1 ~ 2 人
空重	8272 千克
最大起飞重量	19187 千克
最大速度	2173 千米 / 小时
最大航程	3890 千米
最大升限	15240 米

F-16 战斗机侧面特写

F-16 战斗机后方特写

美国 F-22 "猛禽" 战斗机

F-22 "猛禽"（Raptor）是由美国洛克希德·马丁和波音联合研制的单座双发高隐身性第五代战斗机。

研发历史

早在 1971 年，美国战术空军指挥部就已经提出了下一代战斗机的研发计划。1986年，以洛克希德和波音为主的研制小组提出YF-22 方案并中标。1990 年 9 月，YF-22 首次试飞。1997 年，新机正式定名为 F-22 "猛禽"。2005 年，F-22 开始交付使用。

基本参数	
机身长度	18.92 米
机身高度	5.08 米
翼展	13.56 米
乘员	1 人
空重	19700 千克
最大起飞重量	38000 千克
最大速度	2410 千米 / 小时
最大航程	4830 千米
最大升限	19812 米

性能解析

F-22 具备超音速巡航、超视距作战、高机动性和高隐形能力，据称作战能力是 F-15 战斗机的 2 ~ 4 倍。此外,在开发 F-22 期间所研发的许多先进技术，也被沿用到之后的 F-35 上。F-22 是当代造价最昂贵和最先进的战斗机种之一，它配备了 AN/APG-77 主动相控阵雷达、AIM-120C/D 中程空对空导弹、AIM-9X 红外线空对空导弹、二维 F119-PW-100 推力矢量引擎、先进整合航空电子与人机界面等先进技术和装备。

F-22 战斗机进行编队飞行

F-22 战斗机底部特写

美国 V–22 "鱼鹰" 倾转旋翼机

V–22 "鱼鹰"（Osprey）是贝尔公司和波音公司联合设计制造的倾转旋翼机。

研发历史

　　V–22 于 20 世纪 80 年代开始研发，1989 年 3 月 19 日首次试飞，2007 年开始在美国海军陆战队服役，2009 年，美国空军也开始配备。V–22 目前已被美国海军陆战队及美国空军部署于伊拉克、阿富汗、苏丹和利比亚从事作战及救援任务。

性能解析

　　V–22 倾转旋翼机将直升机和固定翼飞机

基本参数	
机身长度	17.5 米
旋翼直径	11.6 米
翼展	14 米
乘员	4 人
空重	15032 千克
最大起飞重量	27400 千克
最大速度	565 千米 / 小时
最大航程	1627 千米
最大升限	7620 米

的特点和长处集于一体，实现了两者的完美结合。总的来说，倾转旋翼机具有速度快、噪声小、振动小、航程远、载重量大、耗油率低、运输成本低等优点，但也有技术难度高、研制周期长、气动特性复杂、可靠性及安全性低等缺陷。

V-22 倾转旋翼机执行作战任务

V-22 倾转旋翼机在甲板上着陆

法国"阵风"战斗机

"阵风"（Rafale）是法国达索飞机制造公司研制的第四代半战斗机。

研发历史

　　1986 年 7 月，"阵风"原型机首次试飞。2000 年 12 月 4 日，"阵风"正式服役。原本法国军队计划采购 292 架"阵风"，其中空军 232 架，海军 60 架。但因各种原因最终缩小了采购规模。"阵风"的第一次战斗部署是 2002 年作为法国对美国在阿富汗的"持久自由"行动的支援。但因为当时的"阵风"战斗机还不具备对地攻击能力，并无对地攻击能力，所以只能作空中巡逻任务。直到 2007 年，有 6 架"阵风"新增了投放激光导引炸弹功能，同年 3 月 28 日，"阵风"战斗机投下了 GBU−12 激光导引炸弹，以支援在阿富汗南部的荷兰部队。这是"阵风"的第一次攻击任务。

基本参数	
机身长度	15.27 米
机身高度	5.34 米
翼展	10.8 米
乘员	1 ~ 2 人
空重	9500 千克
最大起飞重量	24500 千克
最大速度	2130 千米 / 小时
最大航程	3700 千米
最大升限	16800 米

性能解析

　　"阵风"战斗机采用"复合后掠"三角翼及先天不稳定气动布局，有较大的高位活动鸭式前翼和单垂尾，机身为半硬壳式，前部分主要使用铝合金制作而成，后部分则大量使用了碳纤维复合材料。该机进气道位于下机身两侧，这种设计可有效改善进入发动机进气道的气流，从而提高大迎角时的进气效率。座舱内有多种显示设备，包括一个广角抬头显示器、两个低头彩色平板多功能显示器和一个显示基本战术资料的显示器。起落架为前三点式，可液压收放在机体内部。

"阵风"战斗机底部挂载的武器

"阵风"战斗机侧方特写

法国"超军旗"攻击机

"超军旗"（Super Étendard）是法国达索公司研制的舰载攻击机。

研发历史

"超军旗"攻击机源自它的前身"军旗IV"攻击机，由于一些问题而延缓了研制进度，直到 1974 年 10 月才进行原型机的首次试飞。法国海军首次订购 60 架"超军旗"攻击机，并于 1978 年 6 月交付，预计将于 2015 年全面退役。除法国外，阿根廷和伊拉克等国也曾使用。

基本参数	
机身长度	14.31 米
机身高度	3.85 米
翼展	9.6 米
乘员	1 人
空重	6460 千克
最大起飞重量	11500 千克
最大速度	1180 千米 / 小时
最大航程	3400 千米
最大升限	13700 米

性能解析

"超军旗"采用 45 度后掠角中单翼设计，翼尖可以折起，机身呈蜂腰状，立尾面积较大，后掠式平尾装在立尾中部。该机装有 2 门 30 毫米的"德发"机炮，机身挂架可挂 250 千克炸弹，翼下 4 个挂架每个可携 400 千克炸弹，右侧机翼可挂 1 枚 AM–39"飞鱼"空对舰导弹，还可挂 R.550"魔术"空对空导弹或火箭弹等武器。

法国"幻影F1"战斗机

"幻影 F1"（Mirage F1）是法国达索公司研制的空中优势战斗机。

研发历史

　　"幻影 F1"是"幻影Ⅲ"战斗机的改良型，1966 年 12 月 23 日首次试飞，1969 年法国空军与达索公司签订了批量生产的订单。1970 年，"幻影 F1"加入法国空军服役。20 世纪 60 ～ 80 年代，"幻影 F1"获得不少阿拉伯国家空军的青睐。

性能解析

　　"幻影 F1"的性能非常适合担任低空低

基本参数	
机身长度	15.3 米
机身高度	4.5 米
翼展	8.4 米
乘员	1 ～ 2 人
空重	7400 千克
最大起飞重量	16200 千克
最大航程	2338 千米
最大速度	3300 千米 / 小时
最大升限	20000 米

速下的地面支援任务，但当时法国空军已经装备的"幻影Ⅲ E"和"美洲虎 A"都已经能够满足这方面需求，所以法国空军首批定购的 35 架"幻影 F1"转而担任空中截击和夺取空中优势任务，并为此进行了一些改进。"幻影 F1"装载了 2 门 30 毫米机炮，其翼尖可携带两枚"魔术"红外制导空对空导弹，翼下的 4 个挂架可挂载 R530 空对空导弹。在执行对地攻击任务时，可在翼下的 4 个挂架和机身挂架上挂载各种常规炸弹火箭发射器和 1200 升的副油箱。

法国"幻影 2000"战斗机

"幻影 2000"（Mirage 2000）是法国达索公司研制的多用途战斗机。

研发历史

　　"幻影 2000"于 20 世纪 70 年代中期开始研制，第一架原型机于 1978 年 3 月首次试飞，生产型飞机于 1983 年开始交付部队使用。1984 年开始在法国空军服役。除法国外，该机还先后被埃及、希腊、印度、秘鲁、卡塔尔和阿拉伯联合酋长国采用。

基本参数	
机身长度	14.36 米
机身高度	5.2 米
翼展	9.13 米
乘员	1 人
空重	16350 千克
最大起飞重量	17000 千克
最大航程	3335 千米
最大速度	2530 千米 / 小时
最大升限	17060 米

性能解析

　　"幻影 2000"重新启用了"幻影 III"的无尾三角翼气动布局，以发挥三角翼超音速阻力小、结构重量轻、刚性好、大迎角时的抖振小和内部空间大以及贮油多的优点。但在技术发展的条件下，解决了无尾布局的一些局限。主要措施为采用了电传操纵系统、放宽静稳定度、复合材料等先进技术，弥补了该布局的局限。进气道旁靠近机翼前缘处有小边条，边条有明显的上反角。该机共有 9 个武器外挂点，其中 5 个在机身下，4 个在机翼下。各单座型号还装有两门德发公司的 30 毫米机炮。

"幻影 2000"战斗机后方特写

"幻影 2000"战斗机前侧方特写

俄罗斯米格 –17 "壁画" 战斗机

米格 –17 是苏联米高扬设计局研制的单发战斗机。

研发历史

20 世纪 40 年代末，米高扬设计局决定改善米格 –15 的缺点，尤其在高速飞行下米格 –15 飞行性能极差的缺失。由此产生了代号为 SI 的战术战斗机项目。此外还有一个代号为 SP–2 的全天候战斗机项目。SI 项目最终发展成为米格 –17 战斗机。

性能解析

米格 –17 是基于米格 –15 战斗机的经验研制的单发战斗机，其基本型号只能容纳 1 名飞行员，采用中单翼设计，起落架可伸缩。机身结构为半硬壳全金属结构。座舱采用了加压设计，气压来源由发动机提供。前方和后方有装甲板保护。前座舱罩是 65 毫米厚的防弹玻璃。紧急时驾驶员可以使用弹射椅脱离。

基本参数	
机身长度	11.26 米
机身高度	3.8 米
翼展	9.63 米
乘员	1 人
空重	3798 千克
最大起飞重量	5932 千克
最大航程	1290 千米
最大速度	1114 千米 / 小时
最大升限	15600 米

俄罗斯米格 –25 "狐蝠" 战斗机

米格 –25 是米高扬设计局于 20 世纪 60 年代研制的高空高速战斗机。

研发历史

米高扬设计局于 1958 年展开高空高速截击机的研究，米格 –25 的原型机 E–155 于 1961 年正式研制。侦察原型机 E–155R–1 和截击原型机 E–155P–1 分别于 1964 年 3 月和 9 月首飞。1970 年，米格 –25 战斗机正式进入苏联军队服役。

性能解析

基本参数	
机身长度	19.75 米
机身高度	6.1 米
翼展	14.01 米
乘员	1 人
空重	20000 千克
最大起飞重量	41000 千克
最大航程	2575 千米
最大速度	3600 千米 / 小时
最大升限	20700 米

米格 –25 的气动布局与之前的米格飞机有较大差别，采用中等后掠上单翼、两侧进气、双发、双垂尾布局。该机在设计上强调高空高速性能，曾打破多项飞行速度和飞行高度世界纪录。为了保证机体能够承受住高速带来的高温，米格 –25 大量采用了不锈钢材料，但这样的高密度材料却给米格 –25 带来了更大的重量和更高的耗油量，而且机体本身的重量也在一定程度上限制了其载弹量。

俄罗斯米格 –29 "支点" 战斗机

米格 –29 "支点"（Fulcrum）是米高扬设计局研制的双发高性能制空战斗机。

研发历史

1969 年，苏联开始发展未来前线战斗机计划（PFI）。1971 年，这个计划被一分为二，即 "重型先进战术战斗机"（TPFI）、"轻型先进战术战斗机"（LPFI）。前者由苏霍伊设计局负责，后者则交由米高扬设计局，最终促成了苏 –27 和米格 –29 的问世。

性能解析

米格 –29 的整体气动布局为静不安定式，

基本参数	
机身长度	17.32 米
机身高度	4.73 米
翼展	11.36 米
乘员	1 人
空重	11000 千克
最大起飞重量	20000 千克
最大速度	2400 千米 / 小时
实用升限	17000 米
最大航程	1500 千米

低翼面载荷，高推重比。精心设计的翼身融合体，是其气动设计上的最大特色。米格 –29 未使用线传飞控系统，而是采用液压控制与 SAU–451 三轴自动飞行仪。为了方便飞行员进行机种转换，米格 –29 的驾驶舱没有大量采用人体工学设计，和以往的苏制战机相比，米格 –29 的驾驶舱视野有所改善，但仍然不及同时期的西方战斗机。

米格 -29 战斗机前侧方特写

米格 -29 战斗机正在发射导弹

巴西 A-29 "超级巨嘴鸟" 攻击机

A - 29 "超级巨嘴鸟"（super tucano）战机是巴西航空工业公司及美国内华达山脉股份公司开发的一款轻型螺旋桨攻击机。

研发历史

A-29 原型机于 1999 年试飞成功，该飞机将被用来实施高级飞行培训、空中侦察和轻型空中支持等任务，是全球最受欢迎的高级教练机和轻型攻击机之一，曾被出口至哥伦比亚、委内瑞拉、阿富汗等国家。A-29 是专为执行反恐任务打造的，目前已在 6 个国家的空军服役，还有多份订单正在履行当中。

性能解析

基本参数	
机身长度	11.38 米
机身高度	3.97 米
翼展	11.14 米
乘员	1 人
空重	3200 千克
最大起飞重量	5400 千克
最大速度	590 千米 / 小时
实用升限	10668 米
最大航程	1330 千米

"超级巨嘴鸟"由于动力强劲，最大外挂重量达 1550 千克，挂点增至 5 个，机翼内有 2 挺 12.7 毫米固定机枪，可选携带机炮吊舱、火箭巢、普通炸弹、集束炸弹、激光制导炸弹、反坦克导弹甚至红外格斗导弹。A-29 武器使用弹性很大，用于反恐绰绰有余。

欧洲 "狂风" 战斗机

"狂风" (Tornado) 是由德国、英国和意大利联合研制的双发战斗机。

研发历史

　　"狂风" 战斗机于 1970 年开始研制，1974 年 8 月首飞，1974 年 9 月命名为"狂风"。研制"狂风"的帕那维亚公司由德国梅塞施密特、英国宇航和意大利阿兰尼亚三个公司组成。

性能解析

　　"狂风" 战斗机采用串列式双座、可变后掠悬臂式上单翼设计。后机身内并排安装两台涡轮风扇发动机，进气道位于翼下机身两侧。

基本参数	
机身长度	16.72 米
机身高度	5.95 米
翼展	13.91 米
乘员	2 人
空重	13890 千克
最大起飞重量	28000 千克
最大航程	3890 千米
最大速度	2417 千米 / 小时
实用升限	15240 米

在后机身上部两侧各装有一块减速板，可在高速飞行中使用。座舱两个座位为前后串列式布置，均采用马丁·贝克 Mk.10A 弹射座椅。"狂风"战斗机有多个型号，其武器也各不相同。以"狂风"IDS GR.4 型为例，除装载 27 毫米毛瑟 BK-27 机炮外，机身和机翼下的 7 个挂架还可挂载各种导弹、炸弹和火箭弹等。

"狂风"战斗机侧面特写

"狂风"战斗机底部特写

英法"美洲豹"攻击机

"美洲豹"（Jaguar）是由英国和法国联合研制的双发多用途战斗机。

研发历史

1968 年 9 月，首架原型机"美洲豹"A 型在法国试飞成功，"美洲豹"B 型则于 1971 年 8 月试飞成功，同年首架批量生产型也试飞成功。1973 年 6 月交付英国空军，1975 年 5 月交付法国空军。除英国和法国外，"美洲豹"的用户还包括印度、阿曼、尼日利亚和厄瓜多尔等国家的军队。

基本参数	
机身长度	16.8 米
机身高度	4.9 米
翼展	8.7 米
乘员	1～2 人
空重	7000 千克
最大起飞重量	15700 千克
最大航程	3524 千米
最大速度	1699 千米 / 小时
最大升限	14000 米

性能解析

虽然"美洲豹"是由英、法合作研发，但两国在许多规格与装备采用上却不尽相同，如英国版使用 2 台劳斯莱斯 RT172 发动机，每台推力 3313.5 千克，法国版使用 2 台 Adour102 发动机，单台推力 3316 千克。两种版本都装有 30 毫米机炮，并可挂载 4536 千克导弹和炸弹等武器。

美国 M107 自行火炮

　　M107 自行火炮（M107 self-propelled gun）是美国研制的 175 毫米自行火炮。

研发历史

　　M107 自行火炮在 1962 年推出，由美国富美实公司（FMC Corporation）生产。M107 自行火炮与 M110 自行火炮为同时期研制，由于当时美军的共通需求，因此两者采用了同一个系列的底盘。美军装备的 M107 自

基本参数	
口径	175 毫米
全长	6.46 米
全宽	3.15 米
重量	28300 千克
最大射速	1.5 发 / 分
最大行程	720 千米

行火炮在 20 世纪 70 年代后期退役，随后这些车体大多被改装为 M110 自行火炮。除美国外，以色列、德国、西班牙、韩国、希腊、荷兰、伊朗、意大利、英国、土耳其及其他部分北约国家等也有采用 M107 自行火炮，在伊拉克战场及阿富汗战场都有良好表现。

性能解析

　　M107 火炮的主要攻击目标是敌方的指挥、控制和通信中心，以及补给列车。两个 M107 车组在平射情况下，有能力在主战坦克进入有效射程之前，敲掉排成纵队的一个连的坦克。为了尽快使火炮投入战斗，车组乘员必须技术熟练、配合默契。驾驶员、炮长、车长间必须通过交流，在实现粗调车体方向的同时完成火炮的瞄准和射击参数的设定。

法国 CAESAR 自行火炮

CAESAR "凯撒" 自行火炮是法国地面武器工业集团 (GIAT) 设计和生产的
155 毫米轮式自行榴弹炮。

研发历史

CAESAR "凯撒" 自行火炮最初是由法
国地面武器工业集团（GIAT）自筹资金研制，
它是将一门 155 毫米 52 倍口径榴弹炮装在
6×6 型卡车上的轻型火炮系统，恰逢其时地
满足了快速反应部队装备建设的需要。2003

基本参数	
口径	155 毫米
全长	10 米
全宽	2.55 米
最大行程	600 千米
最大射速	6 发 / 分
有效射程	42 千米

年初，GIAT 向法国陆军提供了 5 套系统用于用户试验。2003 年 10 月，法国陆
军决定采购更多的 CAESAR 自行火炮，而不是继续升级老式的 AUF1 155 毫米
履带式自行火炮。除法国外，沙特阿拉伯、泰国和印度尼西亚等国也已采用了
CAESAR 自行火炮。2013 年，共有 11 辆 CAESAR 自行火炮被部署到阿富汗战场。

性能解析

CAESAR 自行火炮的最大优点就是机动性强。它的尺寸和重量都较小，非
常适合通过公路、铁路、舰船和飞机进行远程快速部署。它可选用多种 6×6 卡
车底盘，用户可自由灵活选择，而最常用的是乌尼莫克 U2450L 底盘。

CAESAR "凯撒" 自行火炮参与作战任务

正在开火的 CAESAR "凯撒" 自行火炮

德国 PzH-2000 自行火炮

PzH-2000 自行火炮是德国克劳斯 - 玛菲·威格曼公司和莱茵金属联合研制的 155 毫米自行榴弹炮。

研发历史

20 世纪 80 年代初期，德国、英国、意大利开始合作研制 SP-70 自行火炮，用于取代先前各国使用的美制 M109 自行火炮。由于在发展上存在着分歧，计划在 1986 年底取消，各个国家自行发展。德国开始展开自己的 PzH-2000 155 毫米自行火炮发展计划。1996 年，德国陆军正式宣布 PzH-2000 成功通过各项测试并开始量产，并授予克劳斯 - 玛菲·威格曼公司一份合同用于生产 185 门 PzH-2000 自行火炮，主要子承包商莱茵金属公司生产交付所有的自行火炮底盘。从 1986 年中开始研发到 1996 年正式生产，研制 PzH-2000 自行火炮花费差不多 10 年时间，历经测评选型和苛刻测试等诸多环节，使 PzH-2000 自行火炮具有优良的可靠性、可用性和操作性，德国陆军对这种自行火炮非常满意。除德国以外，该炮还出口到意大利、挪威、瑞典、丹麦、芬兰、希腊和荷兰等国家。

基本参数	
口径	155 毫米
全长	11.7 米
全宽	3.6 米
最大行程	420 千米
最大射速	10 发 / 分
有效射程	56 千米

性能解析

PzH-2000 自行火炮配置有自动装填机，在弹架中有 32 发可以随时发射的炮弹，总带弹量达到 60 发，爆发射速为 3 发 /10 秒，并可以在较长时间内保持 10 发 / 分的高射速。PzH-2000 自行火炮还有 1 挺 7.62 毫米 MG3 机枪和 16 具全覆盖烟幕弹发射器，作为辅助武器。

PzH-2000 自行火炮正在开火

第5章
非致命武器

　　非致命武器是一种不以杀伤为目的的武器，区别于传统的具备强杀伤力的武器，非致命武器主要是通过不伤害生命的手段来使对方失去抵抗能力。在反恐作战中，当特种士兵面对敌人或者骚乱的人群时，可以根据情况使用非致命武器对场面进行控制。

美国泰瑟手枪

泰瑟手枪是由美国泰瑟公司生产制造的一种非致命手枪。

研发历史

泰瑟公司刚开始成立的时候，基本以原泰瑟枪的技术为基础进行研究，但是由于最初的泰瑟枪是发射火药的，因此美国烟、酒和枪支管理局禁止其在民用市场上销售。直到1994年，泰瑟枪才开始以非致命武器在民用市场销售。1998年，泰瑟公司更名为泰瑟国际公司，并在警用市场站稳了脚跟。

性能解析

泰瑟枪的外形和普通的手枪十分相似，但是这种枪不能发射传统意义上的火药式的枪弹，而是靠发射带有电流的"飞镖"。该枪枪身里面有一个充满氮气的气压弹夹，扣动扳机后，弹夹中的高压氮气迅速释放，将枪膛中的两个电极发射出来，两个电极就像两个小"飞镖"，它们前面有倒钩，后面连着细绝缘铜线，命中目标后，倒钩可以钩住犯罪嫌疑人的衣服，枪膛中的电池则通过绝缘铜线释放出高压，令罪犯浑身肌肉痉挛，失去行动能力。

为了帮助专家们对电击枪的使用情况进行全面分析，同时也为了在法庭上有强力的证据，从2005年起，泰瑟公司为自己生产的电休克手枪安装摄像装置。另外，使用者在扣动扳机后，枪膛后面会弹出许多小纸屑，上面印有本枪的序列号，调查人员可通过它们轻而易举地查到枪的主人。此外，枪内还有一个微型芯片，专门记录每次射击的日期和时间。

美国 "闪耀" 来复枪

"闪耀" 来复枪是由美国国防部设计的一种非致命枪械。

研发历史

美国于 2009 年开始为其军队、警队和特种部队装备 "闪耀" 来复枪，并有着非常优秀的表现，可以说它是目前最为先进的非致命武器之一。

性能解析

"闪耀" 是一把外形拉风的来复枪，通过发射激光使对方暂时失明。在被激光暂时性致盲后，人体不会遭受到任何永久性的损伤。但 "闪耀" 发射的激光具有很高的能量，而且研究人员选择了最具刺激性的波段，因此对于命中对象来说，也是相当痛苦的。

美国发光二极体制伏器

发光二极体制伏器研发的目的，是为了创立非致命防守系统。这种技术包括一组发光二极管科技，它可以让敌人暂时失明。除此之外，这个设备可以把不同颜色的闪光灯随意组合，会导致眩晕、恶心等精神物理学效果，因此有人戏称其为"呕吐光"。试验已经证明，利用这个装置，可以在一段时间内让被照射者注意力涣散，站立不稳，失去抵抗能力。

美国 BB 手枪

BB 手枪的原理与火药手枪的原理非常相似，不过没有爆炸，其膨胀物质是普通空气、二氧化碳或某些其他气体。在发射前，手枪相关部件将对气体进行压缩，以增加其密度，从而获得比枪的外部环境更高的气压。在扣动扳机前，压缩气体存储在密闭容器中。扣动扳机后，将打开气体容器，气体将随之流入 BB 手枪的枪管空间中，由于气体经过压缩，BB 手枪的气体将具有比环境空气更大的推力，从而将 BB 子弹高速推出枪膛。BB 手枪的塑料子弹，能迅速地让身体的一小片区域感觉到疼痛，这样对手就不得不妥协。除了能制造疼痛的塑料小球，这种枪还能发射更致命的铝弹，不过它们是为了击碎汽车和建筑的玻璃而设计的。

捷克共和国 SF1 "海妖" 非致命武器

2013 年 5 月，在捷克布尔诺举行的国际防务与安全技术展上，捷克 CZ 公司展出最新研制的 SF1 "海妖" 非致命武器，主要用于单兵防御，可根据需要进行有效可靠的制止，而不是直接造成致命伤害，该武器还可用于攻击动物目标、挑衅人员、个人或人群。

SF1 "海妖" 的特点是近距离目标低速发射，可发射网球大小弹药（发射距离 30 米），此外，还有一项重要的特点是可在密闭的空间进行有效射击。

美国黏性泡沫枪

黏性泡沫枪是一种通过发射黏性物质束缚敌人的非致命武器。

研发历史

黏性泡沫枪是美国新墨西哥的科学家在 20 世纪 90 年代中期设计的一种非致命武器，目前主要装备美国海军陆战队。

性能解析

黏性泡沫枪发射出来的是热塑材料，刚射出来的时候是液体，但在空气里会膨胀 30 倍，变为坚固的黏性"绳子"。在击中目标后，热塑材料就迅速围着目标盘绕起来，使得被射中的人瞬间凝固无法动弹。黏性泡沫枪的黏性极强，可以有效地限制目标的行动。

美国机器龙虾

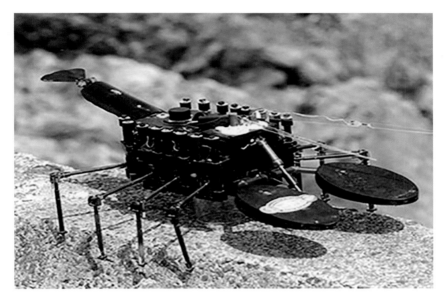

机器龙虾（Machine lobster）是外形酷似龙虾，长着能够感知障碍物触须的一种小型机器人。

研发历史

20 世纪 90 年代末，美国海军研究所和五角大楼研究计划局的科学家们就开始对能够在极端环境下生存的昆虫、甲壳类动物和某些海洋动物进行研究，分析这些生物如何适应环境，然后利用仿生学方法采用人工合成材料仿制出机器人。目前研制成功的机器龙虾是科学家约瑟夫·艾尔斯为美国海军研制的一种小型机器人。

性能解析

机器龙虾是一种执行危险任务的机器人，操作者可以按下开关，通过远程遥控获得信号。它可以把拍到的视频信号发回给操作者，其背后的尾巴可以让摄像机保持正确的方向。这种奇异的机械战士，内部安装的硬件使它对周围环境像动物一样敏感，它的设计目的是为了探索和引爆海底地雷，也包括浅水岸边以登陆舰为目标的那些地雷。当然，如果有特别的需要，机器龙虾也可以被改造成自杀性机器人，用以炸毁一些特殊设施。

美国 XM1063 炮弹

XM1063 是由美国通用动力公司研发的一种非致命性炮弹，这种炮弹可以装载催泪气体、恶臭气体等刺激性气体，当这炮弹被发射出去后，会在半空中被引爆，里面 152 个小装备就会散落下来，并且发出一种特殊的味道特别难闻的化学物质来，从而对目标人群进行压制。据参与测试的人说这味道让人难以忍受，几个小时内那一片区域内的人都无法站立。

法国催泪弹

催泪弹又称催泪瓦斯，是化学武器、非致命性武器及失能剂的一种。

研发历史

早在 19 世纪第一次世界大战前后，人们就开始使用催泪弹。在一战爆发前的 1912 年，法国就已经将溴乙酸乙酯作为催泪弹应用于警察的任务执行中。

后来一战爆发，在西部战线伊珀尔防守的法军，也将装有溴乙酸乙酯的手榴弹用来对抗德军。接着德军积极投入研发，才让催泪瓦斯在战场上发扬光大。

性能解析

催泪弹被世界各国的军队及警察所使用，被广泛用作防暴用途，可以由喷射装置喷射或者以手榴弹霰弹形式发射。常用的催泪气体包括刺激眼睛的 CS、CN、CR 及刺激呼吸系统的胡椒喷雾。催泪气体在低浓度下，可使人眼睛受刺激，不断流泪，难以张开眼睛，还有导致呕吐的副作用。

现今刺激性毒剂一般只称作刺激剂，其主要作用是刺激眼、鼻（类似切洋葱）、喉及皮肤感觉神经末梢，这种化学战剂能使人迅速流泪、流涕、眼痛、喷嚏、咳嗽、恶心、呕吐、胸痛、头痛以及皮肤灼痛等症状，失去正常的行为能力。

美国主动拒止系统

主动拒止系统（Active Denial System，ADS）是由美国空军研究实验室和美国国防部非杀伤武器联合董事会合作研发的非杀伤性武器，主要用于控制人

群、保护地面基地或海上舰船。美军曾在阿富汗战场使用ADS，但最终撤回了这种武器。

ADS可以产生毫米波能量束，照射到皮肤后可引发难以忍受的灼热感，用于阻止人员前行，但不会造成伤害或长时间的副作用，有望替代那些可能造成死亡和伤残的武器。ADS的有效射距超过500米，发射的毫米波能量束可罩住整个人的身体，并穿透人体皮肤的极薄皮表，使目标感受到极度痛苦，暂时失去战斗力。实地测试显示，目标脱离射线范围痛苦立刻消失，不会产生永久性肉体伤害。不过，若射线照到行动不便的敌方伤兵，目标在无法逃离的情况下，可能因灼伤致命。

比利时 FN 303 非致命性弹药发射器

FN 303非致命性弹药发射器是一支由比利时枪械制造商FN公司所设计和生产的半自动非致命性防暴弹药发射器。

FN 303发射的是经过特别设计、会在受到冲击力后立即碎裂的18毫米专用弹药（非致命性弹药），以消除因为子弹的贯穿力而受到重大伤害的风险。FN 303的弹鼓内能装填15发镇暴弹。其设计旨在对目标造成足以瘫痪的钝伤效果而不会对目标造成致命伤害，最适合于防暴等多种作战过程中出现的要避免使用各种致命性武器（包括枪械）的地方使用。FN 303在利用枪托进行肩射时使用其可调整及折叠的机械瞄具瞄准。若移除其枪托部分及手枪握把，可以安装在大多数突击步枪成为枪管下挂的武器。FN还按照市场上的需求推出了一套发射装置配件，包括战术背心、吊绳、方便携带的袋和气体压缩机。其最大的准确射程为35米，有效射程70米。目前被美国陆军、海军、空军及海军陆战队应用于2001年阿富汗战争和2003年伊拉克战争。

第 6 章
反恐辅助
作战装备

　　为保证反恐任务的顺利进行，辅助作战装备的作用也不容小觑。除了常用的个人防护装备，通信与观瞄设备也是战场上必不可少的武器之一。另外，各国研发的新式武器也同样可以运用到反恐战场以确保作战人员能够有效地掌握战场信息。

美国一体化防弹头盔

一体化防弹头盔（IBH）是美国特种作战司令部与 ILC 多佛公司联合研制的防弹头盔。

研发历史

ILC 多佛公司是一家专门为美国国家航空航天局开发宇航服的公司，科研实力非常雄厚。在获得授权后，ILC 多佛公司从 20 世纪 90 年代中期开始生产 IBH 头盔。这种头盔的前端可以安装快拆夜视仪支架，以此搭载夜视仪使用。鉴于这种情况，美国威尔科特斯公司还专门为 IBH 头盔推出了若干款夜视仪支架。由于各种原因，这种头盔并未大规模生产，到 2000 年左右仅生产了 700 余顶，主要装备美国海军"海豹"突击队、美国空军伞降救援队等特种作战单位。

性能解析

IBH 头盔的盔体呈圆形，没有采用护耳设计，因此士兵可以在佩戴 IBH 头盔时使用降噪耳机。头盔采用了四点悬挂系统，内衬部分为若干模块化防撞衬垫，士兵可以根据自身的需要进行调节，悬挂系统在后脑部位也配有衬垫，佩戴时会感到更加舒适和稳定。IBH 头盔的前端可以安装快拆夜视仪支架，以此搭载夜视仪使用。

　　IBH 头盔能够提供全方位的通信需要，以及夜视仪、防毒面具、高跳低开时所需的面罩系统和其他防护设施的使用。与 MICH 系列头盔相比，IBH 头盔虽然能搭载很多装备，但是不能安装战术导轨。

德国 Raptor 特种眼镜

　　Raptor "猛禽" 特种眼镜是德国威帅公司（Swiss Eye）设计生产的特种眼镜，被德国警队和特种部队作为标准装备配备使用。

研发历史

　　德国威帅公司成立于 1996 年，成立后设计生产了一系列用于防护、运动、休闲的优秀眼镜，"猛禽" 特种眼镜就是其中的杰出代表。它是为军队和警务人员专门开发的特种眼镜，不仅在材质采用方面优于户外系列，并具有符合北约军标的防弹功能，适用于不同的战术行动，给眼睛强有力的保护。除了德国警队和特种部队，其他北约国家的特种部队也有采用。

性能解析

　　Raptor 特种眼镜采用来自法国公司提供的 TR90 材质镜片，结合了玻璃镜片与树脂镜片的优点，具有防雾涂层和防刮涂层。所有镜片都符合欧洲 EN1836 安全和健康标准，防护等级达到 400 纳米波长，而且视线不会畸变。Raptor 特种眼镜的眼镜框为塑料钛制造，具有超强超韧的特性，能有效防止在运动中因镜架断裂、摩擦对眼睛及脸部造成的伤害。镜框还可以调节，以适应不同脸型的人员。

美国 Mechanix Wear 手套

Mechanix Wear 手套是美国超级技师（Mechanix Wear）公司设计和生产的专业工作手套，美国多支特种部队均有采用。

研发历史

超级技师公司成立于 1991 年，公司成立之初，专门为美国赛车运动的后勤和维修人员设计优良的高性能工作手套。不同于传统手套设计，Mechanix Wear 手套在保护双手之余，又加入了非常独特的创新设计，因此，它可以在短时间内迅速发展成为赛车运动员的专用手套。2001 年，美国为打击恐怖主义而发动反恐战争，美国特种部队率先使用 Mechanix Wear 手套。后来，Mechanix Wear 手套在美国军队中广为流行，从前线的士兵到后勤机械师，全部使用 Mechanix Wear 手套，随后又逐渐被应用到执法机构中。

性能解析

Mechanix Wear 手套的主要原料为经过特殊处理的毛皮和特种尼龙，防水、耐磨、防刮、保暖性俱佳。粗糙的表面加上符合人体工程学的设计，而且针对市面战术手套进行了大量的改进，穿着舒适，不会影响射击时的感觉。此外，经典的图案设计也深受特种兵喜爱。超级技师公司每年都会接到美国许多军事单位的订单，其产品的优越性能与良好的防护功能，受到士兵的一致好评与认可。

美国 HRT 战斗靴

　　HRT 战斗靴是罗亚尔·罗宾斯户外服装制造公司根据美国特种部队和警察单位的建议所研发的新式战斗靴。

研发历史

　　HRT 战斗靴是美国罗亚尔·罗宾斯户外服装制造公司旗下 5.11 战术系列（5.11 Tactical Series）中的一款产品。5.11 战术系列的设计开始于 1968 年，其命名源于登山运动，这是形容登山难度的一个级别，5.0 是最简单的，5.10 是一般难度的，5.11 是最难的。5.11 战术系列以耐用性、多功能性、高质量而著称，HRT 战斗靴也不例外。

性能解析

　　HRT 战斗靴的足跟部装有撞击缓冲系统，加上四层特殊弹性鞋垫，能吸收使用者从高处跳下时的大部分震动能量，有效减缓冲击力。靴底的双模压胶工艺在保证鞋底具有防滑、防油的高度稳定性的同时，也提供了良好的支撑力和穿着的舒适性。靴头的防水耐磨橡胶一直延续到足弓部位，有效保护了最易磨损的靴头，重点部位三层强化式车缝，使得靴子整体更加牢固。因为没有侧拉链快速穿脱系统，HRT 战斗靴使用了抗断伞绳作为鞋带，并且随包装附送一个黑色的无纺布鞋袋，方便执行任务。

美国模块化集成通信头盔

模块化集成通信头盔（MICH）是美国专门针对特种部队的需求而设计的头盔，2001 年开始装备部队。

研发历史

MICH 主要有三种型号，MICH2000 为全护耳型，MICH2001 为无护耳型，MICH2002 为半护耳型。MICH 自 2001 年开始配发美国特种作战司令部特种部队、海军陆战队侦察部队、第 82 空降师的部分部队。同时，MICH 也应用在美军的陆地勇士系统中，并取代 PASGT 成为美军的标准头盔。

性能解析

MICH 能抵抗以 442 米 / 秒速度飞行的 9 毫米口径子弹，即便子弹是垂直发射。头盔上用来将防震系统固定到帽壳上的螺栓也是冲击式的，这些螺栓将和帽壳一道进行相同的冲击试验。以往使用的头盔，当子弹打在螺栓头上时，极有可能击坏螺栓头，使螺栓的尾部脱落，伤害头盔使用者。而 MICH 能杜绝这种情况的发生，这一点在战斗中已得到证实。

美国 AN/PEQ-15 瞄准器

AN/PEQ-15 瞄准器是美国设计生产的激光 / 红外线瞄准器，可利用 MIL-STD-1913 导轨装在步枪上使用。

研发历史

AN/PEQ-15 瞄准器是美国透视科技公司（Insight Technology）按照美国军用标准（MIL-SPEC）所制造，目前正在美国军队中服役，取代过去的 AN/PEQ-2 激光瞄准器，同时也是美国特种部队的第二代改进型套件（SOPMOD Block II）的一部分。

基本参数	
全长	116.8 毫米
全宽	71.1 毫米
全高	40.6 毫米
重量	212.6 克
可见激光	25 米
红外线激光	800 米

性能解析

AN/PEQ-15 的外形比较像倒过来的凹字，中间凹陷成 MIL-STD-1913 导轨连接座以降低其高度。AN/PEQ-15 分别具有可见激光、红外线激光、红外线照明发射器，两个较窄的发射口用于步枪的瞄准，另一个较宽的发射口用于发射激光以对准目标照射。而使用肉眼不可见的红外线激光时，目标上会产生一个非常小的红色激光点，该激光点的位置就是弹着点。但只适合阴暗处或晚上使用，而且必须利用被动式夜视装备才能看到。

美国 ACOG 瞄准镜

ACOG 是 Advanced Combat Optical Gunsight 的简称，即：先进战斗光学瞄准镜，是一种由美国 Trijicon 公司研制的瞄准镜系统。

研发历史

ACOG 是专为 M16 系列步枪而研制的一种瞄准镜，目前主要用户为美国、英国、德国等国家的军队。因其出色的性能，ACOG 瞄准镜也常被用于反恐战争中。

性能解析

ACOG 有多种不同型号，不同型号配置有不同距离用的分划板、照明系统。大部分的 ACOG 型号都无须使用电池，并被设计成使用内置式放射性衰变氚荧光粉，可在任何情况以下提供照明。有些型号会在瞄准镜的外部顶部端加上一条采光用途的被动外置式光纤导光管系统，这在通常情况下能够使分划标记的亮度与视野配合，因为它收集来自瞄准镜以外周围的环境光。

士兵正在使用 ACOG 瞄准镜

士兵正在试验武器性能

美国 MS 2000 频闪求生信号灯

MS 2000 频闪求生信号灯是美国特种部队使用的求生装置，由爱默生公司设计生产。

研发历史

MS 2000 频闪求生信号灯是美国爱默生公司设计的求生装置，用于取代美国军队装备的 SDU5/E 求生灯。时至今日，虽然美国军队中的新款战术灯、求生灯层出不穷，但各个兵种仍然大量使用 MS 2000 频闪求生信号灯。

基本参数	
全长	114 毫米
全宽	56 毫米
全高	33 毫米
重量	115 克
闪烁频率	50 次 / 分
持续时间	8 小时

对于空军飞行员来说，当他们在地面迫降时，MS 2000 可有效地为救援队发出求生信号。对于特种作战人员来说，他们经常会将 MS 2000 稍加改造，将其固定在头盔上面，使 CH–47、CH–60 等直升机进行搜索 / 营救时，更容易发现他们。

性能解析

MS 2000 的电池盖是悬钮锁死设计，有很好的密封性。后盖和灯体之间有钢丝连接，可以避免后盖丢失。新款的 MS 2000 还带有一个铁丝保险，防止意外打开开关。MS 2000 频闪求生信号灯本身带有滤光罩，当使用滤光罩的时候，只有在夜视仪下，才能看到闪光。

美国 AN/PVS-14 夜视仪

AN/PVS-14 夜视仪是美国设计制造的轻型单眼夜视仪，目前被广泛地应用于美军各军种特种部队以及警方的特种战术小组。

研发历史

AN/PVS-14 夜视仪是美军继 AN/PVS-7 夜视仪后的夜间视觉装备，2000 年开始装备部队。作为市场上用途最为广泛的夜视系统，AN/PVS-14 夜视仪可以手持，也可装在枪械上，还可配合相机和摄像机用于夜间的拍摄。

基本参数	
全长	114.3 毫米
全宽	50.8 毫米
全高	54.4 毫米
重量	392 克
探测距离	350 米
视场	40 度

性能解析

AN/PVS-14 夜视仪坚固耐用，可以手持、头戴，也可以安装在武器和摄像机上。AN/PVS-14 可以通过支架安装到 MICH、PASGT、ACH、ECH 等多种头盔上，也可以用另外一种转接装置接到各种装有标准导轨的枪械上，并且可以和其他瞄具配合使用。AN/PVS-14 比前代 AN/PVS-7D 的分辨率高、重量轻，步兵作战小组使用起来更加灵活，同时观察距离也明显增加。具体来说，这种夜视仪可用来提高士兵态势感知能力，以及在恶劣条件下的观察能力。

装有单眼 AN／PVS－14 夜视仪的头盔

士兵正在装备 AN／PVS－14 夜视仪

美国 Kill Flash 防反光装置

　　Kill Flash 是美国坦尼伯纳克斯公司设计生产的光学器材防反光装置（Anti-Reflection Device，ARD）。

研发历史

　　在现代战争中，不少士兵因为他们手中的望远镜、狙击步枪上的瞄准镜所反射的光线暴露了自身位置，而被击毙、击伤，导致行动的失败。传统的防反光方式是在镜片前套上一个圆筒形的遮阳筒，不过遮阳筒较长，不方便使用，特别是在当前突击武器越来越轻巧的趋势下，严重影响狙击手的作战效果。Kill Flash 就是在这种背景下研制的，其隐蔽性使得它一面世就获得特种部队的青睐，美军特种部队最先在他们的先进战斗光学瞄准镜（ACOG）上安装了这种装置。根据各种光学器材的规格，Kill Flash 也有着不同的尺寸和重量，但基本结构都是一致的。

性能解析

　　Kill Flash 主要用于防止望远镜和狙击枪瞄准镜等光学器材的反光，避免暴露使用者的位置。Kill Flash 是一种轻型的现场抗闪烁解决方案，它隐藏反射，并可以对由视域外部光源引起的眩光进行屏蔽不损失分辨率，没有大量的光损失，还具有特殊配置的小管蜂巢结构，起普通镜头盖的作用。

美国沃克公司战术耳

"战术耳"是一种沃克公司研发生产的助听装置，可以舒适地戴在耳后。

研发历史

沃克公司的"战术耳"主要有 I、II 和 III 三种型号，其中 I 型和 II 型是为执法应用而设计，在秘密行动（放大音量）和动态情形（保护耳朵）下由警务人员使用。III 型拥有 I 型和 II 型的所有能力外，还具有超高频广播功能，当与个人无线电配合使用时，该功能可以进行无线语音通信。

性能解析

"战术耳"在监视、监听以及 SWAT 干涉过程中，足以听到最轻微的声音。利用该装置可以实现全向监听，主要监听高频声音，如执法官和嫌疑犯之间被弱化或者压低的谈话；装枪的声音、扳动枪械保险以及行走在粗糙地面上的脚步声。

美国 Collarset II 隐藏通信器

Collarset II 是一种美国电视设备协会（TEA）制造的带通话按钮开关的无线耳机 / 隐藏麦克风。

研发历史

Collarset II 是美国电视设备协会（TEA）制造的带通话按钮开关的无线耳机 / 隐藏麦克风，能够让使用者以完全秘密的方式发送和接收无线电信号。其他设备几乎不可能探测到该系统，甚至在 609.6 毫米的距离也不能被探测到。目前 Collarset II 主要用户为美国特种部队。

性能解析

Collarset 系列装置能够与任何便携式无线电连接。备选的肩部系带可将无线电隐藏在使用者的腋下。麦克风放在使用者锁骨附近的衣服下面，通话按钮开关可以放在手中、口袋或者皮带上。无线感应耳机隐藏在使用者的耳朵里，它以磁性方式从位于肩部的电感器接收无线电信号，无线耳机拥有一个续航时长为 60 ～ 100 小时的电池，并且带一个静噪电路。发送消息时，使用者按下通话按钮开关并以自然的方式讲话即可，不需要直接对着衣服下面的麦克风。

美国 LVIS v5 通信器

LVIS v5 通信器是美国镜泰公司研发的一种用于车辆上的无线对讲机。

研发历史

LVIS v5 通信器是一种用于车辆上的无线对讲机，其结构紧凑，携带方便，并且还能接收各大军事、商业电台，使特种部队能够第一时间掌握外界事态的变化，目前主要装备美国特种部队。

性能解析

LVIS v5 通信器的配件包括麦克风、耳机、降噪器等，通常只需要一人便可以将这些"散件"组装好。军用通信器一般都有保护装置，LVIS v5 通信器也不例外，虽然每个"散件"都有较好的抗震动性，但战场是瞬息万变的，为以防万一，所以在不需要手动操作时，一般都用防弹罩盖住。

美国 Leupold "沙漠风暴" 双筒望远镜

"沙漠风暴"是由美国 Leupold 公司制造的一种双筒望远镜。

研发历史

"沙漠风暴"是 Leupold 公司制造的一种适用于夜间巡逻的双筒望远镜，可以适应各种恶劣环境，由于隐蔽、方便携带等特点，美国特种部队也装备有该武器。

性能解析

"沙漠风暴"双筒望远镜镜面采用完全多层镀膜，可以有效增强观测物体的亮度和对比度。镜片能够有效消除强光的衍射，在多种不利的自然环境条件下，能有效地提高观测目标的清晰度。机身颜色是荒原黄，这种涂彩在荒原作战中不会暴露观测手的位置。镜身非常坚固，完全防水防雾，可以适应各种不同的恶劣环境。

基本参数	
放大倍率	10 倍
物镜直径	50 毫米
长度	170 毫米
重量	729 克
视野	87 米
视角	5.5 度
微光系数	22.4
出瞳直径	5 毫米
出瞳距离	18 毫米
瞳间距	60 ～ 70 毫米，可调
近焦	3.2 米

美国 CamelBak 水袋

　　CamelBak "驼峰" 水袋是美国特种部队于 20 世纪 90 年代采用的战地饮水工具。

研发历史

　　CamelBak 水袋的历史可以追溯到 1988 年，其发明者是得克萨斯州的迈克尔·爱迪生。他曾是一名军医，同时也酷爱公路自行车运动。由于得克萨斯州夏天十分炎热，而自行车运动是一项极为消耗体能的运动，如果不及时降温并补充水分，运动员将很容易脱水而无法比赛。在这种背景下，迈克尔利用医用橡胶软管和输液用的塑料袋制作了一个 "个人饮水系统"，并把它缝到运动衣里面。由于自行车运动员上半身几乎是平趴在自行车上，其背部的储水装置异常显眼，迈克尔就形象地称其为 "驼峰" 储水系统。后来，这个发明取得了专利。迈克尔创立了驼峰公司，进一步将其完善。

　　1997 年，由于被特种部队广泛使用，驼峰公司得到了军队供应商的资格，开始批量向美军提供他们生产的水袋。2003 年伊拉克战争时，CamelBak 水袋成了美军的标准装备，不再是特种部队的专用物品，普通士兵也可以使用。

性能解析

　　CamelBak 水袋使用的材质为高弹力材料，因此非常结实。这种水袋的储水容量大，装满时可以储水 3 升，大大高于普通的高分子水壶容量。内胆采用了抗菌的纳米材料，因此放在其中的水可以储存 2 ～ 3 天也不会变质发臭。另外，CamelBak 水袋便于携行，即使长时间携带也不会感到疲劳，剧烈运动时也不必担心与其他装具碰撞而发出声响。

美国 AOR 迷彩作战服

　　AOR 迷彩作战服是美国克莱精密公司为美国海军特种部队设计生产的全地形迷彩作战服，有 AOR 1 和 AOR 2 两种型号。

研发历史

　　21 世纪以来，美国海军在海军工作服上采用了数码迷彩设计，最常见的就是蓝黑色数码的 NWU Ⅰ 型，后来又出现了给海军岸上任务使用的 NWU Ⅱ 型和 NWU Ⅲ 型。而为了满足海军特种作战单位的需要，又在 NWU Ⅱ 型和 NWU Ⅲ 型的基础上设计了 AOR 1 和 AOR 2 两种数码迷彩。AOR 是 Area Of Responsibility（责任范围）的缩写，AOR 1 指的是海军特种部队第一责任区，也就是沙漠地带，所以在这个区域内执行任务的特种部队所使用的迷彩就是 AOR1 DIG2，其中"DIG"是指数码，"2"是指 II 型迷彩。AOR 2 指的是海军特种部队第二责任区，也就是丛林地带，在这个区域内执行任务的单位使用 AOR2 DIG3 迷彩，"3"指的就是 III 型迷彩。

性能解析

AOR 迷彩作战服作为克莱精密公司的新一代产品，依然延续了著名的"麦迪克"迷彩的优良品质。AOR 迷彩作战服的面料中加入了一种特殊材料，使其在自然光线下具有变色效果，伪装效果超过现有的其他迷彩服。AOR 1 型为土黄色迷彩色块，主要在沙漠地区使用。AOR 2 型为土黄色 / 绿色迷彩色块，主要在丛林地区使用。

挪威"黑色大黄蜂"无人机

"黑色大黄蜂"（Black Hornet）无人机是挪威设计制造的军用微型无人机，可用于搜救或军事侦察任务。

研发历史

"黑色大黄蜂"无人机由挪威普罗克斯动力公司设计，除挪威陆军外，美国陆军、美国海军陆战队、英国陆军和澳大利亚陆军也有装备。2013 年，英国曾将"黑色大黄蜂"无人机用于阿富汗战场，使其成为世界上最早实

基本参数	
机身长度	0.1 米
机身高度	0.025 米
旋翼直径	0.1 米
空重	0.016 千克
最大速度	35 千米 / 小时
续航时间	30 分钟

际用于军事行动的微型无人机。"黑色大黄蜂"无人机造价不菲，一架达到了 4 万美元。目前，总部设在英国萨里的马尔堡通信公司已经获得了英国军方总值 2000 万美元的合同，负责为英国军队提供和保养 160 架"黑色大黄蜂"无人机。

性能解析

　　"黑色大黄蜂"无人机的尺寸很小，重量也很轻，能够完全放置在手掌之中。这种无人机非常方便携带，可以在各种严酷环境（包括刮风的情况下）安全操作。在使用时，操控者只需轻轻地向空中投掷即可。"黑色大黄蜂"无人机装有微型摄像机以及多个热成像摄影机，通常用于执行跟踪、监视任务，可以将拍摄到的画面即时传送到手持式控制终端机。该无人机主要依靠电池供电，遥控有效距离为 800 米。

阿富汗战场上的"黑色大黄蜂"无人机

士兵正在使用"黑色大黄蜂"无人机

美国 MQ-9 "收割者" 无人机

MQ-9 "收割者"（Reaper）无人机是美国通用原子技术公司研发的长程作战无人机。

研发历史

1994 年 1 月，美国通用原子技术公司获得了美国空军"中高度远程'捕食者'无人机"计划的合同。在竞争中击败诺斯洛普·格鲁曼公司后，通用原子技术公司于 2002 年 12 月正式收到美国空军的订单，制造 2 架"捕食者"B 型无人机，之后正式命名为 MQ-9 "收割者"。截至目前，美国空军已经装备了超过 160 架 MQ-9 无人机。

基本参数	
机身长度	11 米
机身高度	3.8 米
翼展	20 米
空重	2223 千克
最大起飞重量	4760 千克
最大速度	482 千米 / 小时
最大航程	5926 千米
实用升限	15000 米

性能解析

MQ-9 无人机装备有先进的红外设备、电子光学设备以及微光电视和合成孔径雷达，拥有不俗的对地攻击能力，并拥有卓越的续航能力，可在战区上空停留数小时之久。此外，MQ-9 无人机还可以为空中作战中心和地面部队收集战区情报，对战场进行监控，并根据实际情况开火。

MQ-9 无人机的动力很强，而且拥有更大的载弹量，装备 6 个武器挂架，可搭载"地狱火"导弹和 500 磅炸弹等武器。每架 MQ-9 无人机都配备一名飞行员和一名传感器操作员，他们在地面控制站内实现对 MQ-9 无人机的作战操控。

MQ-9 无人机侧下方特写

正在起飞的 MQ-9 无人机

美国 RQ-7 "影子" 无人机

RQ-7 "影子"（Shadow）无人机是美军装备的无人侦察机。

研发历史

RQ-7 无人机是美国陆军 "固定机翼战术无人机"（TUAC）项目中最重要的部分。2006 年 8 月，美国陆军航空兵和导弹指挥部与 AAI 公司签署了一份价值 1170 万美元的合同，要 AAI 公司为美军前线的 RQ-7B 战术无人机集成一个新型高级战术通用数据链路设备，并负责其演示工作。

性能解析

RQ-7 无人机具有体积小、重量轻的特点，整套系统可通过 C-130 运输机快速部署到战区的任何一个地方。该无人机的探测能力较强，可探测到距离陆军旅战术作战中心约 125 千米外的目标，并可在 2438 米的高空全天候侦察到 3.5 千米倾斜距离内的地面战术车辆。

基本参数	
机身长度	3.4 米
机身高度	1 米
翼展	4.3 米
空重	84 千克
最大起飞重量	170 千克
最大速度	204 千米 / 小时
最大航程	109 千米
实用升限	4572 米

RQ-7 无人机后方特写

美军士兵正在推动 RQ-7 无人机

美国 RQ-11 "渡鸦" 无人机

RQ-11A "渡鸦"（Raven）是美国航宇环境公司研制的无人侦察机。

研发历史

RQ-11 "渡鸦" 无人机的前身是同样由航宇环境公司研发的 FQM-151 "游标犬" 无人机，后者于 1999 年开始服役。之后，航宇环境公司在其基础上研制出 RQ-11 "渡鸦" 无人机，2001 年 10 月首次试飞，2002 年开始实际军事部署，2003 年正式服役。美国空军、陆军、海军陆战队及美军多支特种部队均有采用。

基本参数	
机身长度	1.09 米
翼展	1.3 米
空重	1.9 千克
巡航速度	56 千米/小时
续航时间	1 ～ 1.5 小时
最大航程	10 千米

性能解析

RQ-11 "渡鸦" 无人机的机体由 "凯夫拉" 材料制造，在设计上考虑了抗坠毁性能，不易发生解体。其机身非常小巧，分解后可以放入背包内携带。该机可以从地面站进行遥控，也可以使用 GPS 导航从而完全自动执行任务。RQ-11 "渡鸦" 无人机系统需要两名操作人员，一名飞机操作员负责控制无人机，一名任务操作员负责观察无人机系统传回的图像。

美国士兵正在使用 RQ–11 无人机

美国 RQ-14 "龙眼" 无人机

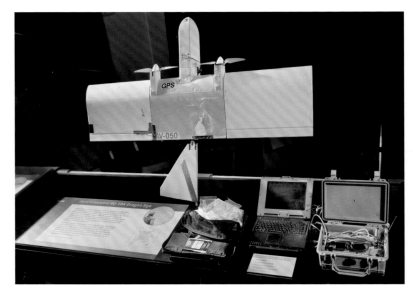

RQ-14 "龙眼"（Dragon Eye）无人机是美国海军陆战队装备的小型侦察无人机。

研发历史

2003 年 11 月，美国航宇环境公司赢得了有史以来最大的一笔小型无人驾驶飞机的订单，为美国海军陆战队生产 "龙眼" 无人机，数量可能多达 1026 架。除了提供无人机，航宇环境公司还将向海军陆战队提供 342 个地面站和相同数量的战场支援设备。

基本参数	
机身长度	0.9 米
翼展	1.1 米
空重	2.7 千克
巡航速度	65 千米 / 小时
最大航程	10 千米
实用升限	150 米

性能解析

RQ-14 无人机装有一台摄像机，摄像机由美国海军陆战队作战实验室开发，可分成 5 个部分以便于携带。操作人员使用一套包括计算机处理器和地图显示器的可穿戴地面控制器对其控制，计算机处理器和地图显示器安装在操作人员前臂或防护衣上。通过点击地图显示器，可以设置无人机飞行的高度、目的地及返回时间。

美国 RQ-20 "美洲狮" 无人机

RQ-20 "美洲狮"（Puma）无人机是美国航宇环境公司研制的小型手持式无人机，可以提供滞空 120 分钟以上的自动空中情报搜集、监视与侦察能力。

研发历史

2007 年，RQ-20 "美洲狮" 无人机首次试飞成功。2008 年，该机被美国特种作战司令部小批量订购试用，其良好的适用性得到了各个军种的青睐。2012 年以后，美国陆军、空军、海军和海军陆战队均订购了 RQ-20 "美洲狮" 无人机，总数量超过 1000 架。

基本参数	
机身长度	1.4 米
翼展	2.8 米
最大起飞重量	5.9 千克
最大速度	83 千米 / 小时
最大航程	15 千米
实用升限	3000 米

性能解析

RQ-20 无人机携载有 1 部光电照相机、1 部红外照相机以及 1 部红外照明灯，该机可以在非常狭小的区域内使用，这是它能够同时被多个军种采购的原因之一。RQ-20 无人机的发射也非常简单，只需一名操作人员通过手持抛射升空即可。

士兵正在使用 RQ-20 无人机

以色列 "侦察兵" 无人机

"侦察兵"（Scout）无人机是以色列航空工业公司研制的无人侦察机。

研发历史

　　"侦察兵"无人机在 1982 年以军发动的"加利利和平"行动中以及战后都有使用，用于在叙利亚和黎巴嫩上空进行侦察。除以色列外，"侦察兵"无人机还曾出口到南非和瑞士等国。

性能解析

　　"侦察兵"无人机可以利用起落架起落，也可弹射起飞，用拦阻索着陆。制导和控制采

基本参数	
机身长度	3.68 米
翼展	4.96 米
有效载荷	38 千克
最大起飞重量	159 千克
最大速度	176 千米 / 小时
续航时间	7 小时
最大航程	100 千米
实用升限	4575 米

用预储存程序和地面遥控组合形式。搭载的机载设备包括塔曼电视摄像机、激光指示 / 测距仪、全景照相机和热成像照相机等。

　　"侦察兵"无人机的机体大量采用复合材料制造，在 1600 米上空盘旋时，地面人员无法通过肉眼发现，该机还有噪音处理装置，再加上飞行速度较快，所以隐蔽性非常优秀。

以色列"苍鹭"无人机

"苍鹭"（Heron）无人机是以色列空军目前最大的无人机，由以色列航空工业公司研制。

研发历史

"苍鹭"无人机由以色列航空工业公司的马拉特子公司研制，研制计划始于 1993 年年底，并于第二年 10 月进行了第一架原型机的首次试飞。澳大利亚曾租用"苍鹭"无人机用于阿富汗作战，以支持部署在阿富汗的国际安全援助部队。除澳大利亚外，法国和德国也在阿富汗使用"苍鹭"无人机。

基本参数	
机身长度	8.5 米
翼展	16.6 米
有效载荷	250 千克
最大起飞重量	1150 千克
最大速度	207 千米 / 小时
续航时间	52 小时
实用升限	10000 米
爬升率	150 米 / 分

性能解析

"苍鹭"无人机采用复合材料结构、整体油箱机翼、可收放式起落架、大型机舱，其电源系统功率大，传感器视野较好。动力装置为一台四冲程活塞发动机，功率为 74.6 千瓦。该机装有大型监视雷达，可同时跟踪 32 个目标。"苍鹭"无人机采用轮式起飞和着陆方式，飞行中则由预先编好的程序控制。

"苍鹭"无人机主要用于实时监视、电子侦察和干扰、通信中继和海上巡逻等任务。它可以携带光电 / 红外雷达等侦察设备进行搜索、识别和监控，在科研民用方面还可以进行地质测量、环境监控、森林防火等。

"苍鹭"无人机侧面特写

"苍鹭"无人机底部特写

德国"月神"X-2000 无人机

"月神"X-2000（LUNA X-2000）无人机是德国电子机械技术公司（EMT）研制的无人侦察机，主要装备德国陆军。

研发历史

"月神"X-2000 无人机从 2000 年 3 月开始便服役于德国陆军，并在科索沃、马其顿和阿富汗成功完成侦察任务。2006 年初，巴基斯坦陆军也订购了"月神"X-2000 无人机，用于边界监视。

基本参数	
机身长度	2.36 米
翼展	4.17 米
最大起飞重量	40 千克
最大速度	70 千米 / 小时
续航时间	6 小时
最大航程	100 千米
实用升限	3500 米

性能解析

"月神"X-2000 无人机是一种可全天候使用的轻型无人机，操作简易，可连续 4 小时用于 80 千米外实时监视、侦察和目标定位。该机的发射方式非常简单，可利用橡皮筋弹射器弹射起飞，回收方式为伞降回收。由于起降几乎不需要额外空间，因此"月神"X-2000 无人机的部署时间大幅缩短，只要弹射器、拦阻网和综合式操作控制台就位，就能立刻执行任务，非常适合分秒必争的前线野战侦察搜索任务。

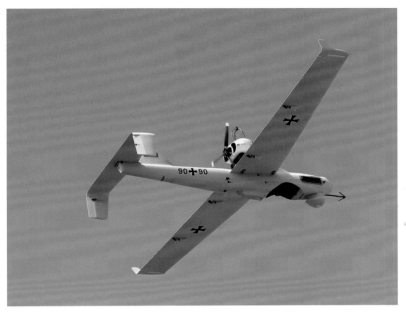

"月神"X-2000无人机底部特写

士兵正在使用"月神"X-2000无人机

德国"阿拉丁"无人机

　　"阿拉丁"（Aladin）无人机是德国电子机械技术公司（EMT）研制的小型无人侦察机，主要装备德国陆军。

研发历史

　　2001年，德国陆军与电子机械技术公司签订合同，正式启动"阿拉丁"无人机的研制工作。由于研制过程中借鉴了"月神"X-2000无人机的设计经验，所以研制时间很短。2003年4月，"阿拉丁"无人机开始装备德国驻阿富汗国际安全援助部队（ISAF）。2006年4月，荷兰军队也购买了10架"阿拉丁"无人机和5套地面控制站。

基本参数	
机身长度	1.53米
机身高度	0.36米
翼展	1.46米
空重	3.2千克
最大速度	90千米/小时
最大航程	15千米

性能解析

　　一个完整的"阿拉丁"无人机系统主要由1架无人机和1个地面控制站组成，操作人员为1～2名。该机通常与"非洲小狐"侦察车配合使用，以执行近距离侦察任务。在不使用时，"阿拉丁"无人机通常被拆解并装在箱子里，方便携带。如果要使用"阿拉丁"无人机系统，操作人员可在数分钟内完成无人机的组装，然后采用手抛或弹射索发射升空。

德国 KZO 无人机

KZO 无人机是德国莱茵金属公司研制的小型无人侦察机,其名称含义为"用于目标定位的小型飞机"。

研发历史

德国军队早期装备的小型无人机主要以自行研制的"月神"X-2000 近程侦察无人机和加拿大研制的 CL-289 远程侦察无人机为主,但这两种无人机的功能有限。为适应新军事形势,使德国无人机达到国际先进水平,德国军方决定投入巨大人力和财力加紧研制新型

基本参数	
机身长度	2.26 米
机身高度	0.96 米
翼展	3.42 米
空重	168 千克
巡航速度	220 千米 / 小时
续航时间	4 小时
实用升限	4000 米

无人机。20 世纪末,德国联邦武器技术发展局与德国陆军签订了研制 KZO 无人机的合同,研发工作主要由德国阿德拉斯电子系统公司(后并入莱茵金属公司,成为其旗下的防务电子分部)负责。2005 年,KZO 无人机正式服役。

性能解析

KZO 无人机的主要使命是侦察、识别并捕捉敌方远程火力目标,包括远程火炮、火箭炮和战术导弹阵地。该机采用下单翼气动布局,螺旋桨发动机置于机尾,整个机身也未采用复杂的设计,除头部为圆柱形外,其机体大部截面近乎正方形,两片下置矩形机翼位于机身后侧。KZO 无人机的机头内部装有毫米波或红外成像导引头,整个机头传感器组装在万向支架上,可根据需要转到特定方向。机翼为两段式结构,翼根与机身为一体式,机翼外侧一段可折叠,以方便储运。

KZO 无人机准备起飞

飞行中的 KZO 无人机

美国"魔爪"无人车

　　"魔爪"(TALON)无人车是美国福斯特·米勒公司为美军研制的遥控无人车，可执行排爆、警戒、侦察、核生化探测、攻击等任务。

研发历史

　　"魔爪"无人车武装型的正式名称为"(Special Weapons Observation Reconnaissance Detection System)"，由于其英文缩写正好与"剑"(SWORDS)相同，所以也被称为"剑"式。"魔爪"无人车有多

基本参数	
高度	0.9 米
空重	45 千克
最大速度	9 千米 / 小时
续航时间	4 小时
遥控距离	1000 米

种型号，包括基本型、危险品处理型、重物提升型、灵敏反应型、突击型、武装型等，单价从 6 万美元到 23 万美元不等。由于"魔爪"无人车性能出色，除装备美军外，它也被其他国家的军队广泛采用。

性能解析

　　在反临时爆炸装置方面，"魔爪"无人车有着不可替代的作用。该车的性能达到了美国陆军坦克机动车辆研发和工程中心与机器人系统联合项目办公室(RSJPO)规定的互通性界面(IOP)，该平台装备有重型机械臂、遥控可换工具装置，1080i 高清晰度摄像机以及更强大的车载处理器。据研制方称，"魔爪"的IOP 兼容性使其能够"即插即用"。

阿富汗战场上的"魔爪"无人车

"魔爪"无人车前侧方特写

美国"龙腾"无人车

"龙腾"（Dragon Runner）无人车是美国自动化公司研制的无人地面车。

研发历史

　　"龙腾"无人车是美国海军陆战队作战实验室"侦察、监视和目标捕获"传感器项目（旨在发展侦察、监视和目标识别传感器网络，以获悉战场全景图像，从而大大提高小分队指

基本参数	
长度	0.39 米
宽度	0.28 米
高度	0.13 米
空重	7.26 千克

挥官的环境感知能力）的一部分，发展目的是为美国海军陆战队提供在城市作战条件下"看到墙角"的能力。因为在如今的城市作战和其他复杂敌对环境下，小分队指挥官迫切需要一种小型化、安全度高的侦察监视设备，保护自己，减小危险。2006 年，"龙腾"无人车开始装备部队。

性能解析

　　"龙腾"无人车采用模块化设计，并装有稳定和可以颠倒使用的悬挂装置，能比较轻松地通过窗户、爬楼梯和翻墙。小小的车体内集成有昼夜光电和音响侦察设备、双向数据传输设备，能将探测到的声音、图像等数据信息实时传送给操作员。而操作员对"龙腾"无人车的控制也很简单，只需手持 1 部外形与游戏机操纵手柄相似的控制台，就能很好地发送无线电指令对其进行遥控操作。控制台上有一个 4 英寸大小的彩色液晶显示屏，能实时显示"龙腾"无人车传回的图像。

执行任务中的"龙腾"无人车

以色列 "先锋哨兵" 无人车

"先锋哨兵"（Avant guard）无人车是以色列 G-NIUS 公司主导研发的履带式无人地面车。

基本参数	
空重	1746 千克
最大负载	1088 千克
最大速度	20 千米 / 小时

研发历史

以色列国小人少，并且处在世界热点地区，因此对于无人地面车辆的发展相当重视。"先锋哨兵" 无人车由 G-NIUS 公司、埃尔比特公司和以色列航空工业公司联合研制，其中 G-NIUS 公司是主承包商，负责总体研制和生产。"先锋卫兵" 无人车可以执行监视、侦察、安保、巡逻、探测和引爆简易爆炸装置等多种任务，因此常被用于反恐作战。

性能解析

"先锋卫兵" 无人车采用履带式底盘，可负载 1088 千克设备，包含多个模块化任务载荷，如抗简易爆炸装置干扰机、探地雷达、人员 / 车辆探测雷达、非制冷热成像系统（装在一个桅杆转塔上）、遥控武器站（配备 7.62 毫米机枪）等。此外，车上还装有敌我识别系统、卫星导航系统、双向数据链、通信电台、前后端 CCD 摄像机、防障碍规避系统等。

英国"防御者"无人车

　　"防御者"(Defender)无人车是英国艾伦公司研制生产的大型六轮独立直接驱动型无人地面车。

研发历史

　　英国是世界上最早发展无人车的国家之一，而且是第一个研制出排爆无人地面车的国家，"防御者"无人车是英国无人车的杰出代表，由艾伦公司设计和生产。"防御者"无人车主

基本参数	
长度	1.52 米
宽度	0.73 米
高度	1.15 米
空重	275 千克
最大速度	3.2 千米/小时

要用于排爆，也可执行侦察、监视、核生化装置的探测与处理等任务。

性能解析

　　"防御者"无人车的车体采用模块化结构，主要部件使用强度高、质量轻的钛合金，车体以活动关节连接。该车可通过线缆操控，也可无线遥控，采用全向天线，控制半径可以达到 2000 米。"防御者"无人车大量采用标准配件，维修十分简单。

英国"独轮手推车"无人车

　　"独轮手推车"（Wheelbarrow）无人车是英国科努尔公司研制的无人地面车，主要用于排雷。

研发历史

　　"独轮手推车"无人车是英国最早出现的军用无人车，20 世纪 70 年代初便已问世。此后，该系列无人车一直没有停止进步，逐渐形成系列化，并出口到 50 多个国家和地区。目前，

基本参数	
长度	1.2 米
宽度	0.7 米
高度	1.32 米
空重	204 千克
最大速度	3.3 千米 / 小时

英国军队装备的"独轮手推车"无人车主要是 Mk 8 型。该车参加过科索沃维和行动、伊拉克战争、阿富汗战争，可谓久经考验的"老战士"，据称其排爆能力可达 90% ~ 95%。

性能解析

　　"独轮手推车"无人车采用模块化设计，履带式底盘上装有一个结构复杂的多自由度机械臂、多种转臂夹钳、引爆爆炸物用的霰弹枪（5 发弹药）和钢索等物。该车以 4 台电动机驱动，并配有双速机械变速箱。电动机由蓄电池供电，间断使用时可工作 2 小时。变速箱能在两个挡次下从零开始无级调速到最大速度，低速时操纵更加精确。通过车上齿轮和齿条驱动装置能前后移动整车重心，从而改变车辆姿态。

"独轮手推车"无人车正在执行任务

伊拉克战场上的"独轮手推车"无人车

俄罗斯"天王星"9 无人车

"天王星"9（Uran–9）无人车是俄罗斯国家工业和科技集团（ROSTEC）研制的多功能无人战车。

研发历史

"天王星"9 无人车是俄罗斯国家工业和科技集团"天王星"系列无人车中的最新型号，2015 年 5 月 14 日在俄罗斯南部军区新罗西斯克的拉耶夫斯基合成靶场进行了测试。2016 年，"天王星"9 无人车开始向国际市场开放出售。设计人员称，"天王星"9 无人车将在局部军事行动和反恐怖行动时发挥重要作用，特别是在居民点使用将大大减少人员伤亡。

基本参数	
长度	4.5 米
宽度	2 米
高度	1.4 米
空重	7000 千克

性能解析

整套"天王星"9 无人车系统包括两辆无人车、运送无人车的拖车和机动指挥所。"天王星"9 无人车能够克服高达 1.2 米的障碍，配备的武器主要有 30 毫米 2A72 自动机炮、7.62 毫米双管机枪和"攻击"式反坦克导弹。该车装有激光照射预警系统，以及目标发现、识别和伴随设备。操作员借助操作台通过无线电频道，在距离无人车 1000 米处受防护的指挥所里进行遥控指挥。为了控制无人车的行动，操作员使用 4 部摄像机（把信号传输到指挥操作台）。"天王星"9 无人车能够完成多种任务，可进行工程侦察，消灭敌有生力量和打击各种目标，包括敌装甲车辆、工事和时速达 400 千米的低空飞行器。

美国"阿特拉斯"机器人

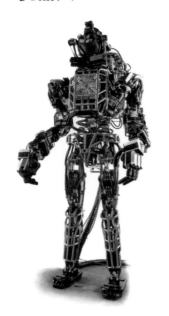

　　"阿特拉斯"（Atlas）机器人是美国波士顿动力公司（Boston Dynamics）研制的一种双足人形机器人，主要用于搜救任务。

研发历史

　　"阿特拉斯"机器人是波士顿动力公司专为各种搜索及救援任务而设计的智能机器人，

基本参数	
高度	1.9 米
空重	150 千克

该项目获得了美国国防部高级研究计划局（DARPA）的资助和监督。2013 年 7 月 11 日，"阿特拉斯"机器人首次向公众亮相。

性能解析

　　"阿特拉斯"机器人使用铝和钛制造，身高 1.9 米，体重 150 千克，由头部、躯干和四肢组成，拥有 28 个液压关节，能像人类一样用双腿直立行走。它的头部装有立体照相机和激光测距仪，"双眼"是两个立体感应器。"阿特拉斯"机器人有两只灵巧的"手"，不仅能够行走、取物，并且能够在户外穿越严酷地形，使用"手脚"攀爬。

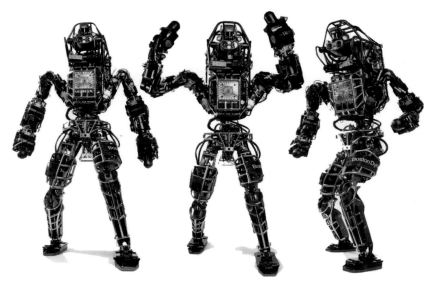

不同姿势的"阿特拉斯"机器人

"阿特拉斯"机器人进行性能测试

美国"沙蚤"机器人

"沙蚤"（Sand Flea）机器人是美国波士顿动力公司研制的微型轮式机器人。

研发历史

    "沙蚤"机器人是被设计用于阿富汗战场的一种武器，可以跳过墙壁，然后跳回来，同

基本参数	
越障高度	10 米
空重	5 千克

时从空中拍摄视频并发送回基地。与其他类型的机器人相比，"沙蚤"机器人的轮式设计更能适应城市环境，它在实时性及为城市丛林作战提供精确信息展现了其优越性，而且可以保持轻量化、小型化。这种机器人的设计难点在于着陆时冲击力处理、控制不同地形的跳跃高度、控制着陆时免于翻滚等。

性能解析

    "沙蚤"机器人的外形类似于小型地面无人车，它能够轻松跨过多达 30 个障碍物，而这些障碍物的高度尺寸是其自身尺寸的 40 ~ 60 倍。"沙蚤"机器人的生产型将能够自主导航并跳过 6 米高的障碍物。在 10 米高的障碍物测试中，"沙蚤"机器人验证了跳跃移动的效率比通过悬停方式跨越高出几倍。因此，在使用等量燃料的情况下，"沙蚤"机器人将完成更多的任务。

美国 RHex 机器人

RHex 机器人是美国波士顿动力公司研制的六足机器人，主要用于沼泽地或者潮湿的天气。

研发历史

RHex 机器人是波士顿动力公司继"大狗"机器人之后研制的新型机器人，它能够穿过崎岖地带，在烂泥堆里依然畅行无阻，其非凡越障能力已经得到了美国专门机构的认证。

基本参数	
长度	0.51 米
高度	0.2 米
空重	6.7 千克
最大速度	10 千米 / 小时

性能解析

RHex 机器人有 6 条被设计成弧形的腿,最外面的一层还有防滑的凹凸橡胶,它有多种移动方式，可以跳跃、游泳、爬楼梯，能够在岩石地、泥浆地、沙地、植被地、铁轨、电线杆、斜坡和楼梯等多种地形移动,由于主体部分是全封闭结构,所以它可以在潮湿天气、多泥和多沼泽的地方工作，甚至可以在水面或水下前进。RHex 机器人能以抛物线的形状跳过很长的鸿沟，还可自己判断跳跃范围。尽管体积较小，但 RHex 机器人身上仍然携带了具备红外功能的摄像头。

RHex 机器人侧面特写

RHex 机器人前侧方特写

美国"小熊"机器人

"小熊"机器人是美国维克纳公司研制的医疗机器人,正式名称为"战场救护机器人"（Battlefield Extraction-Assist Robot,简称 BEAR）。

研发历史

"小熊"机器人是由维克纳公司总裁丹尼尔·西欧博尔德（Daniel Theobald）于 2005

基本参数	
高度	1.8 米
单价	10 万美元

年发明的远程遥控机器人,能够代替真人执行多种战场救援任务,包括救护伤员或营救遭绑架士兵。美军远程医学和高级技术研究中心为"小熊"机器人的研究进行了最初的投资,之后美国国会又拨款 110 万美元作为研究资金。2006年,"小熊"机器人被《时代》杂志评选为年度最佳发明。

性能解析

"小熊"机器人的外形如同一个大号的"泰迪熊"玩具,但它一点也不笨拙,能够抱着受伤的士兵长距离行走,并且不会疲劳。由于大腿和胫骨上装有导轨,因此"小熊"机器人不仅能在崎岖的地形上行走、能穿过狭窄的大门,同时还能完成上下楼梯、蜷缩及跪下等动作。此外,"小熊"机器人的"臀部""膝盖"和"脚"上还能装上轮子。当道路平坦时,它就能改用轮子更快地前进,同时还能采取多种不同的姿势。

美国"小狗"机器人

"小狗"（Little Dog）机器人是美国波士顿动力公司研制的小型四足机器人。

研发历史

"小狗"机器人由波士顿动力公司和南加州大学机器人实验室联合研发，获得了美国国防部高级研究计划局（DARPA）信息处理技术办公室的资助。在研发过程中，设计人员最大的难题就是要将如此复杂的智能机器微型化。

基本参数	
长度	0.32 米
高度	0.31 米
空重	6 千克
续航时间	30 分钟

性能解析

"小狗"机器人采用了部分平衡技术和算法，并将其作了微型化处理。"小狗"机器人只有篮球大小，顶部还有一个提手把。这种微型机器人共有 4 条腿，每条腿有 3 个电动马达，内置传感器可测量关节角度。"小狗"机器人使用聚合物电池，能连续运行 30 分钟，其无线通信和数据记录支持远程操作和数据分析。"小狗"机器人具有人工智能的自我学习能力，能分析过往的错误并加以调整。它不仅能穿过障碍物，还能识别前方的沟堑并进行计算，然后再跨越过去。

第 7 章
反恐载具

　　基于反恐战场上作战环境的特殊性，载具是必不可少的交通工具。由于士兵往往需要三栖作战，因此载具包括了装甲运输车、军用直升机以及海上运输载具，这些载具除了具备常规的运输功能，往往也具有作战能力。

美国 HMMWV 装甲车

HMMWV（High Mobility Multi-purpose Wheeled Vehicle，意为：高机动性多用途轮式车辆）是由美国汽车公司（AMC）设计生产的一款多用途装甲车，又称"悍马"。

研发历史

1979 年，美国陆军发布了新型多用途轮式车辆的招标采购计划，准备替换现役的 M151 等轻型卡车。1985 年 8 月，美国汽车公司旗下的 AM General 公司设计出第一辆 HMMWV 原型车，交与内华达车辆测试中心进行测试，同年，该车性能在测试中得到肯定，此后广泛地服役于美国陆军、海军、空军、海军陆战队以及许多联邦执法机构。

基本参数	
长度	4.6 米
宽度	2.1 米
高度	1.8 米
重量	2.34 吨
最大速度	105 千米/小时
最大行程	563 千米

性能解析

HMMWV 装甲车装有一部大功率柴油发动机，4 轮驱动，越野能力尤为突出。该车拥有一个可以乘坐 4 人的驾驶室和一个帆布包覆的后车厢。4 个座椅被放置在车舱中部隆起的传动系统的两边，这样的重力分配，可以保证其在崎岖光滑的路面上拥有良好的抓地力和稳定性。1991 年，经过海湾战争后，其优异的机动性、越野性、可靠性和耐久性与各式武器承载上的安装适应能力，使该款汽车名声大噪。

伊拉克战场上的 HMMWV 装甲车

在水中行驶的 HMMWV 装甲车

美国"斯特赖克"装甲车

"斯特赖克"装甲车（Stryker Vehicle）是由美国通用动力子公司通用陆地系统设计生产。

研发历史

为了能更好地适应世界各地不同强度的局部武装冲突，美国陆军亟须一种能够快速介入、快速抵达、快速展开却又高度资讯科技化的地面轻装甲部队，于是斯特赖克战斗旅（Stryker Brigade Combat Team，SBCT）的

基本参数	
长度	6.95 米
宽度	2.72 米
高度	2.64 米
重量	16.47 吨
最大速度	100 千米 / 小时
最大行程	500 千米

构想应运而生。得知此消息后，美国通用动力公司立刻抓住商机，为美国陆军研制了"斯特赖克"装甲车。"斯特赖克"装甲车从 2002 年开始服役至今，并参与了伊拉克战争。

性能解析

"斯特赖克"装甲车最大特点与创新在于，几乎所有的延伸车型，都可以用即时套件升级方式从基础型改装而来，改装可以在战场前线完成，因此有了极大的使用弹性。若有某一型车战损，不必再等待从后方运补，可以抽调另一台较不重要的车型的零件进行改装。

美国 V-100 装甲车

　　V-100 是美国凯迪拉克盖集汽车公司（Cadillac Gage）设计生产的一款装甲车。

研发历史

　　20 世纪 60 年代，美军开始寻求一种新型的装甲车，以取代过去老旧的同类战车。与此同时，美国凯迪拉克盖集汽车公司也有意进入军火界，以扩大自己的知名度和增加自身的资金实力。于是，凯迪拉克盖集汽车公司毛

基本参数	
长度	5.69 米
宽度	2.26 米
高度	2.54 米
重量	9.8 吨
最大速度	88 千米 / 小时
最大行程	643 千米

遂自荐，向美军推销自己的产品——凯迪拉克盖集"突击队"装甲车（Cadillac Gage Commando），产品在测试后被美军"录用"，并在 1964 年开始装备军队，更名为 LAV-100 装甲车。不过美军士兵通常称之为"鸭子"或者 V-100。

性能解析

　　V-100 装甲车使用无气战斗实心胎，可以在水中以 4.8 千米的时速前进。该车装甲是称为"Cadaloy"的高硬度合金钢，可以挡住 7.62×51 毫米 NATO 枪弹。由于装甲太重，该车后轮轴极易损坏。但是，由于合金钢装甲提供了单体结构框架，它轻于加上装甲的普通车辆，另外装甲的倾斜角度也有助于防止枪弹和地雷爆炸而穿透装甲。

美国 M1117 "守护者" 装甲车

M1117 "守护者" 是由美国德事隆海上和地面系统公司制造的一种四轮装甲车。

研发历史

1999 年，美军购入 M1117 作为宪兵用车，之后加强了装甲，并投入阿富汗和伊拉克战场，取代部分 "悍马" 车。因为 "悍马" 车的装甲版 M114 在许多状况下不能承受火力攻击，因此美军采购了更多的 M1117。但是，M1117

基本参数	
长度	6 米
宽度	2.6 米
高度	2.6 米
重量	13.47 吨
最大速度	63 千米 / 小时
最大行程	500 千米

每辆 80 万美元的售价比装甲版 "悍马" 的 14 万美元高出 6 倍，所以还是未能全面取代 "悍马" 车。

性能解析

M1117 装甲车有多种车型，其中包括指挥车、侦察车、救护车、回收车和装甲骑兵车。M1117 车上装有 Mk19 自动榴弹发射器及各种机炮、机枪作为主要武器，次要武器还有 M2 勃朗宁重机枪等。

参与作战的 M1117 装甲车

M1117 装甲车前方特写

美国 AAV-7A1 两栖装甲车

AAV-7A1（Amphibious Assault Vehicle）是由美国 FMC 公司制造，正在美军服役的一款两栖装甲车之一，目前有三种衍生型。

研发历史

20 世纪 60 年代，因战场需要，美军制订了 LVT-7 方案，目的是研发一款履带式两栖装甲车。美军对该车的要求是：能够运输登陆部队及其装备渡水，并且在登陆上岸后，登陆部队可将其当作一辆装甲运兵车使用，为其提供战场火力支援。1969 年，美国 FMC 公司

基本参数	
长度	7.94 米
宽度	3.27 米
高度	3.26 米
重量	22.8 吨
最大速度	72 千米 / 小时（陆地）
最大行程	480 千米（陆地）

制造出了 AAV-7A1 两栖装甲车。经过测试后，该车于 1970 年正式被美军采用，在伊拉克战争中也出现有它的身影。

性能解析

AAV-7A1 两栖装甲车在陆地上最高速度为 72 千米 / 小时，水上为 13 千米 / 小时。该车速度虽然不错，但它只配备了一座装有 M85 机枪的炮塔，而且缺乏核生化防护设备，因此，1982 年 FMC 公司开始改进 AAV-7A1 两栖装甲车，主要改进包括更换改良型的引擎、传动系统与武器系统，以及提升车辆的整体可靠性等。

在沙滩行驶的 AAV-7A1 两栖装甲车

伊拉克战场上的 AAV-7A1 两栖装甲车

美国 RG-31 防地雷装甲车

RG-31 是由南非 OMC 公司研发的防地雷多功能装甲车。

研发历史

RG-31 于 2005 年末出现于驻阿富汗的加拿大陆军部队里。之后，美国陆军对 RG-31 表现出极大的兴趣，并购买 148 辆 RG-31 送往驻伊拉克的美军部队。RG-31 防地雷车上的武器装备载荷可根据用户作战任务需要进行配装。OMC 公司目前正在为瑞典

基本参数	
车长	6.4 米
车宽	2.47 米
车高	2.63 米
全重	7.28 吨
最大速度	100 千米 / 小时
最大行程	900 千米

生产 102 辆 RG-32M 防地雷装甲巡逻车。芬兰已经向南非 OMC 公司订购了 6 辆 RG-32M。

性能解析

RG-31 装甲车 V 形车体抗地雷能力强，可承受 14 千克 TNT 当量的反坦克地雷在任何一个车轮下的爆炸，也能防御 7 千克地雷在车体下爆炸所产生的冲击。其大型防弹车窗能为全体车内乘员提供良好的视野。RG-31 型防地雷车的舱门可以向后打开，使得射手可以在装甲防护之下射击。车体顶部还配有两个舱盖，用于开舱作战及紧急情况下逃生。

RG–31 防地雷装甲车侧面特写

参与作战任务的 RG–31 防地雷装甲车

美国 M113 履带式装甲人员输送车

M113 系列装甲车是美国食品机械化学公司军械分部研制的制式装甲人员输送车。

研发历史

M113 是美国投产的第一种铝合金装甲车辆。1956 年 1 月开始研制时有铝合金装甲的 T113 和钢装甲的 T117 两种车型。两车车重几乎相等，前者铝合金装甲厚 31.75 毫米，后者钢装甲厚 9.53 毫米，具有相同的抗弹能力，但铝合金装甲焊接容易，厚度较大，车体坚固，

基本参数	
长度	5.6 米
宽度	3.2 米
高度	3.1 米
重量	17 吨
最大速度	51 千米/小时（公路） 6.9 千米/小时（水上）
最大行程	164 千米

省去了部分加固结构件，重量较 T117 型轻 6%。后来陆军选择了 T113，并进一步发展成为 T113E1，1958 年制成样车，1960 年定型为 M113 装甲人员输送车。1959 年美军签订首批 900 辆采购合同。1960 年初在食品机械化学公司的圣何塞（San Jose) 兵工厂投产并开始装备部队。

性能解析

M113 装甲车的铝合金车体能保护车内人员不受枪弹或弹片的伤害，该车采用扭杆悬挂，每侧有 5 个双轮缘挂胶负重轮，主动轮在前，诱导轮在后，没有托带轮。第一和第五负重轮装有液压减震器，采用单销式挂胶履带板。M113 具有浮渡能力，可执行两栖作战任务。

美国 "水牛" 地雷防护车

　　"水牛" 地雷防护车（Buffalo Mine Protected Vehicle，BMPV）是由美国军力保护公司（Force Protection）研制的一款装甲车。

研发历史

　　位于非洲最南部的南非，其军工行业相比非洲其他国家来说，是比较先进的，小到手枪、冲锋枪，大到直升机、装甲车，在国际上都有一定的话语权，尤其是 20 世纪末研制的 "卡斯皮"（Casspir）地雷防护车，被众多国家所效仿。美国的 "水牛" 地雷防护车正是军力保护公司根据 "卡斯皮" 地雷防护车的设计而研发出来的。"水牛" 地雷防护车被投入到伊拉克战争和 2001 年阿富汗战争中。

基本参数	
长度	8.2 米
宽度	2.6 米
高度	4 米
重量	20.56 吨
最大速度	105 千米 / 小时
最大行程	483 千米

性能解析

　　"水牛" 地雷防护车是六轮装甲车，车头具有大型遥控工程臂以用于处理爆炸品。"水牛" 采用 V 形车壳，若车底有地雷或 IED 爆炸时能将冲击波分散，有效降低车内人员受伤害程度。在伊拉克及阿富汗服役的 "水牛" 加装鸟笼式装甲以防护 RPG-7 火箭筒的攻击。

"水牛"地雷防护车前方特写

"水牛"地雷防护车侧方特写

美国沙漠侦察车

沙漠侦察车（DPV）是美国切诺斯公司于 1991 年开始生产的轻型攻击车辆，也称为快速攻击车（Fast Attack Vehicle，FAV）。

研发历史

沙漠侦察车是美国切诺斯公司于 20 世纪 80 年代后期开始研制的轻型攻击车辆，1991 年正式开始生产，并被投入到海湾战争中使用。在"沙漠风暴"行动中，美国海军"海豹"突击队便是乘坐沙漠侦察车进入科威特城。沙漠侦察车不仅装备了多支美国特种部队，英国特

基本参数	
长度	4.08 米
宽度	2.11 米
高度	2.01 米
重量	960 千克
最大速度	130 千米 / 小时
最大行程	338 千米

别空勤团、荷兰海军陆战队和沙特阿拉伯特种部队等也有使用。

性能解析

沙漠侦察车采用 4×2 驱动方式，快速响应式后轮驱动系统，提高了越野性能。车的底盘与防翻滚框架连成一体，采用敞开式高强度铬韧合金管型钢架焊接结构，前盖由玻璃纤维材料制成，舍弃了装甲防护，以求减轻车重。

沙漠侦察车装有 2 挺 7.62 毫米机枪，车长位置是 1 挺 12.7 毫米 M2 重机枪或 1 挺 40 毫米 Mk 19 自动榴弹发射器。此外，还可选装 30 毫米机关炮、AT-4 坦克火箭筒、"陶"式反坦克导弹或"毒刺"地对空导弹等，也可装备现代化的通信设备、夜视装置和卫星定位系统，这些设备可提高该车的作战性能，即使在漆黑的夜晚，也能保证在不开灯的情况下准确无误、迅速地驶至目的地。

沙漠侦察车侧面特写

"海豹"突击队装备的沙漠侦察车

美国防地雷反伏击车

防地雷反伏击车（MRAP）是美国通用动力公司在 21 世纪初设计生产的反地雷、反伏击车型。

研发历史

在伊拉克和阿富汗战场上，敌方武装人员使用的简单爆炸装置（Improvised Explosive Device，IED）让美军防不胜防。IED 和地雷给美军造成了极大的伤亡，也暴露出"悍马"装甲车不能为车内人员提供足够保护的问题。

基本参数	
长度	7.41 米
宽度	2.51 米
高度	3.05 米
重量	7300 千克
最大速度	100 千米 / 小时
最大行程	900 千米

因此，美军亟须一种具有较高防护能力的装甲车以应对战争局势。MRAP 项目不到一年就完成了概念研究，并订购了数千辆。2007 年，MRAP 开始服役，美国普通部队和特种部队均有装备。

性能解析

MRAP 根据搭载人数和功能的不同分为Ⅰ型、Ⅱ型和Ⅲ型。Ⅰ型是最小和最轻的型号，又叫地雷防护功能车型（Mine Resistant Utility Vehicle），它采用 V 形车身和高底盘设计，载员 6 人左右，用于城市地带和其他受限制地形条件下作战，主要作为火力小组的运送者。Ⅱ型又名爆炸物军械处理快速反应车（JERRV），也用来完成车队领队、运兵以及救护等任务。Ⅱ型是军队中班级部队使用的战车，载员 10 人左右。步兵班和机枪班作为快速反应执行任务时，一般使用Ⅱ型。同时，Ⅱ型还是一种特殊的装甲救护车，可协助完成地面医疗救援撤运任务。Ⅲ型是针对地雷和 IED 清除任务的专用战车，主要就是"水牛"扫雷车。

美国先进轻型突击车

先进轻型突击车（ALSV）是美国切诺斯公司在沙漠侦察车基础上改进而来的特种作战车辆。

研发历史

鉴于沙漠侦察车在海湾战争中被灵活运用于许多特殊任务，取得了很好的成绩，美国切诺斯公司于 1996 年推出了沙漠侦察车的改良型——先进轻型突击车，尺寸有所加大，机动性也有所加强。美国海军"海豹"突击队曾在伊拉克和阿富汗战场上使用先进轻型突击车，而美国海军陆战队也曾在"沙漠风暴"行动中使用。

基本参数	
长度	6.22 米
宽度	2.56 米
高度	2.59 米
重量	1600 千克
最大速度	130 千米 / 小时
最大行程	500 千米

性能解析

与沙漠侦察车相比，先进轻型突击车的重量增加不少，车重达 1600 千克，有效负载为 1100 千克。先进轻型突击车装有洛克希德·马丁公司的稳定式小口径武器支座，便于安装各种轻武器。先进轻型突击车的车体前方有两个座位，车体由高强度复合材料钢管所架构，机枪手需要将身体伸出车外以便操作车顶部的机枪、榴弹发射器等武器。

美国 Mk Ⅴ 特种作战艇

Mk Ⅴ 特种作战艇是美国霍尔特海事公司研发制造的特种作战艇。

研发历史

　　1994 年，Mk Ⅴ 特种作战艇在美国海军的选型试验中胜出，次年开始装备美国海军特种部队。Mk Ⅴ 特种作战艇执行中等距离的特种部队渗透和撤离任务，并能在威胁相对较小的区域执行海岸巡逻和封锁任务。在执行任务时，该艇需要 5 名"特战快艇运载员"（Special Warfare Combatant-craft Crewman，SWCC）进行操作。

基本参数	
长度	25 米
宽度	2.25 米
标准排水量	57000 千克
吃水深度	1.5 米
最大速度	65 节
续航距离	926 千米

性能解析

　　Mk Ⅴ 特种作战艇为铝质船体，可搭载 16 名全副武装的特种部队成员，满载排水量为 57 吨。艇上还带有 4 艘战斗突击橡皮艇。Mk Ⅴ 特种作战艇可使用的武器种类较多，包括 12.7 毫米 Mk 46 Mod 4 机枪、25 毫米"大毒蛇"机炮、40 毫米 Mk19 榴弹发射器和"毒刺"导弹等。Mk Ⅴ 特种作战艇的电子设备主要有"古野"导航雷达和 APX-100（Ⅴ）敌我识别器等。

美国 LCAC 气垫登陆艇

LCAC 气垫登陆艇（Landing Craft Air Cushion）是美国研制的气垫登陆艇，一共建造了 91 艘。

研发历史

LCAC 气垫登陆艇由美国达信公司海上和陆地系统于 20 世纪 80 年代研制，该级艇于 1986 年开始服役，截至 2014 年仍然大量装备美国海军。此外，日本海上自卫队也少量装备。

基本参数	
长度	26.4 米
宽度	14.3 米
重量	185 吨
最大速度	74 千米 / 小时
载重	60 吨

性能解析

LCAC 气垫登陆艇的艇体为铝合金结构，不受潮汐、水深、雷区、抗登陆障碍和近岸海底坡度的限制，可在全世界 70% 以上的海岸线实施登陆作战。在登陆作战时，携带气垫登陆艇的两栖舰船在远离岸边 30 ~ 50 千米时，便可让气垫登陆艇依靠自身的动力将人员和装备送上敌方滩头，从而保证了自身的安全。

LCAC 气垫登陆艇前方特写

LCAC 气垫登陆艇在水上行驶

美国"海豹"运输载具

"海豹"运输载具（SDV）是美国研制的一种小型水下推进器，方便美国海军"海豹"突击队在大型潜艇吃水不足无法靠岸的情况下快速登陆。

研发历史

在SDV尚未问世时，美军核潜艇要想将特种部队投放到敌方海岸，就必须冒险潜伏到距离对方海岸线非常近的潜水区域，很容易暴露。SDV于20世纪70年代中期研制成功，目前在役的主要是Mk 8型，而此前的Mk 6型、Mk 7型和Mk 11型均已退役。SDV可搭载4

基本参数	
直径	1.8米
全长	6.7米
水下航速	6节
最大航程	111千米
舰员	2人
载员	4人

名"海豹"队员,他们完全依靠水下呼吸器呼吸,其任务主要是进行水文地形勘测、搜索侦察及有限的直接作战。由于SDV是敞开式结构，为了航渡需要，美国还研制了配套的"干式甲板换乘舱"（Dry Deck Shelter，DDS）。

性能解析

SDV在使用核潜艇搭载时，要与核潜艇上安装的DDS配合使用。因为DDS自身没有动力，也需要依靠核潜艇搭载。在搭载时，DDS以对接的方式单独或两艘并列固定在经过改装的核潜艇指挥台围壳后方。对SDV来说，DDS就像是移动式的车库。由于"海豹"队员在部署时，从核潜艇内部出舱到做好战斗准备需要较长的时间，在一些情况下，为了能够在核潜艇抵达预定位置之后立即展开行动，"海豹"队员不得不在核潜艇出航之后就浸泡在冰冷的海水中。为了维持战斗力,"海豹"队员登陆后的第一件事往往是给自己的身体加温。DDS使这个问题在很大程度上得到了解决。

美国 AH-1 "眼镜蛇" 直升机

AH-1 "眼镜蛇"（Cobra）是由贝尔公司研制的美国第一代武装直升机。

研发历史

AH-1 于 1965 年 9 月首飞，1967 年 6 月开始服役。最初使用的编号为 UH-1H，之后改用武装直升机的专用编号 AH-1。AH-1 曾经是美国陆军的主力攻击直升机，被许多国家采用，几经改型经久不衰。

性能解析

AH-1 机身为窄体细长流线型，座舱为纵列双座布局，射手在前，驾驶员在后。AH-1

基本参数	
机身长度	13.6 米
机身高度	4.1 米
旋翼直径	14.63 米
乘员	2 人
空重	2993 千克
最大起飞重量	4500 千克
最大速度	277 千米/小时
最大升限	3720 米
最大航程	510 千米

的座椅、驾驶舱两侧及重要部位都有装甲保护，自密封油箱能承受 23 毫米口径机炮射击。AH-1 的主要武器为 1 门 20 毫米 M197 三管机炮（备弹 750 发），4 个武器挂载点可按不同配置方案选挂 BGM-71 "拖" 式、AIM-9 "响尾蛇" 和 AGM-114 "地狱火" 等导弹，以及不同规格的火箭发射巢和机枪吊舱等。AH-1 直升机飞行与作战性能好，火力强，它的主要任务是在白天、夜间及恶劣气候条件下提供近距离火力支援和协调火力支援。

AH-1 直升机在高空飞行

AH-1 直升机在甲板上准备起飞

美国 AH-6 /MH-6 "小鸟" 直升机

AH-6/MH-6 "小鸟" 是休斯直升机公司研制的武装直升机。

研发历史

　　1966 年 9 月, 被命名为 "印地安小马" 的休斯 OH-6A 开始交付给军队使用。20 世纪 70 年代后期, 为使轻型直升机也能具备一定强度的火力打击能力, 休斯直升机公司又在 OH-6A 的基础上发展出了 AH-6 武装直升机和 MH-6 轻型突击直升机, 均被美国陆军称为 "小鸟"。

基本参数	
机身长度	9.94 米
机身高度	2.48 米
旋翼直径	8.3 米
乘员	2 人
空重	722 千克
最大起飞重量	1610 千克
最大速度	282 千米 / 小时
最大航程	430 千米
最大升限	5700 米

性能解析

　　作为一款轻型攻击平台, AH-6 机身左侧装有 XM27E/M134 "加特林" 机枪, 机身右侧装有 M260 七管 69.85 毫米折叠式尾翼空射火箭舱。AH-6 全身以无光黑色涂料涂装, 方便借着黑夜的掩护执行特战任务。为了便于运输, AH-6 的尾梁可折叠。在机舱内可选装油箱, 容量为 110 升或 236 升。AH-6 系列的发动机有多种不同型号, 如 AH-6C 的 420 轴马力 "埃尔森" T63-A-720 发动机、AH-6M 的 650 轴马力 250-C30R/3M 发动机。

MH-6 直升机在海上飞行

AH-6 直升机前侧方特写

美国 AH-64 "阿帕奇" 直升机

AH-64 "阿帕奇"（Apache）是休斯直升机公司研发的武装直升机。

研发历史

20 世纪 70 年代初，美国陆军提出了 "先进技术武装直升机"（AAH）计划。休斯直升机公司的 YAH-64 原型机于 1975 年 9 月首次试飞，1976 年 5 月竞标获胜，1981 年正式被命名为 "阿帕奇"，1984 年 1 月第一架生产型交付。

基本参数	
机身长度	17.73 米
机身高度	3.87 米
旋翼直径	14.63 米
乘员	2 人
空重	5165 千克
最大起飞重量	10433 千克
最大速度	293 千米 / 小时
最大航程	1900 千米
最大升限	6400 米

性能解析

AH-64 采用半硬壳结构机身，前方为纵列式座舱，副驾驶员 / 炮手在前座、驾驶员在后座。该机的主要武器为 1 门 30 毫米 M230 "大毒蛇" 链式机关炮，另有 4 个武器挂载点可挂载 AGM-114、AIM-92、AGM-122、AIM-9、BGM-71 等导弹，以及火箭弹等武器。AH-64 旋翼的任何部分都可抵御 12.7 毫米子弹，机身表面的大部分位置在被 23 毫米炮弹击中一次后，仍能保证继续飞行 30 分钟。AH-64 采用两台通用动力 T700-GE-701 发动机，单台功率为 1265 千瓦。

AH-64 直升机前方特写

飞行在伊拉克上空的 AH-64 直升机

美国 CH-47 "支奴干" 直升机

CH-47 "支奴干"（Chinook）是波音公司研制的双发中型运输直升机。

研发历史

20 世纪 50 年代末，波音公司根据美国陆军发布的中型运输直升机招标书，发展出 CH-46 "海上骑士" 直升机，其放大的改进版本便是后来的 CH-47 "支奴干" 直升机。1963 年，CH-47A 开始装备美军，后又发展了 B、C、D 型。目前，"支奴干" 系列仍在进行现代化改装。

基本参数	
机身长度	30.1 米
机身高度	5.7 米
旋翼直径	18.3 米
乘员	3 人
空重	10185 千克
最大起飞重量	22680 千克
最大速度	315 千米 / 小时
最大航程	741 千米
最大升限	5640 米

性能解析

CH-47 具有全天候飞行能力，可在恶劣的高温、高原气候条件下完成任务。可进行空中加油，具有远程支援能力。部分型号机身上半部分为水密隔舱式，可在水上起降。该机运输能力强，可运载 33 ~ 35 名武装士兵，或运载 1 个炮兵排，还可吊运火炮等大型装备。CH-47 的玻璃钢桨叶即使被 23 毫米穿甲燃烧弹和高爆燃烧弹射中后，仍能安全返回基地。

CH-47 直升机正在装运士兵

CH-47 直升机正在起飞

美国 MH-53 "低空铺路者" 直升机

MH-53 "低空铺路者" 直升机是 CH-53 "海上种马"（Sea Stallion）直升机的特种作战衍生型。

研发历史

CH-53 直升机是根据美国海军提出的空中运输直升机要求研制的，主要用于突击运输、舰上垂直补给和运输。该机于 1962 年 8 月开始研制，1964 年 10 月首次试飞，1966 年 6 月开始交付。20 世纪 80 年代，西科斯基公司在 CH-53E 基础上改进出 MH-53E，1983 年开始服役。此后，又陆续出现了 MH-53H、

基本参数	
机身长度	28 米
机身高度	7.6 米
旋翼直径	21.9 米
乘员	6 人
空重	15415 千克
最大起飞重量	21000 千克
最大速度	315 千米 / 小时
最大航程	1100 千米

MH-53J、MH-53M 等型号。其中，MH-53J 用于执行低空远程全天候突击任务，主要为特种部队渗透作战提供机动和后勤保障。在 "沙漠风暴" 行动开始之前，MH-53J 运送特种兵和 AH-64 协同潜入伊拉克，一举摧毁了伊军早期预警雷达，在敌防空网中为盟军打开了一条空袭通道。

性能解析

MH-53E 主要用于反水雷任务，另外也用于运输任务。MH-53E 由 CH-53E 改进而来，机体重量增大，载油量也大大增加，改用三台通用电气公司的 T64-GE-416 涡轮轴发动机。MH-53J 改用 2 台通用电气 T64-GE-100 发动机，为适应低空全天候渗透任务，装备了地形跟踪回避雷达和前视红外夜视系统，并装有任务地图显示系统。此外，MH-53J 还装备了惯性全球定位系统、多普勒导航系统、任务计算机。借助这些设备，MH-53J 能准确地自行导航和进入目标区域。

MH-53 直升机在海上飞行

美国 UH-60 "黑鹰" 直升机

UH-60 "黑鹰"（Black Hawk）是美国西科斯基公司研制的通用直升机。

研发历史

1972 年，为了替换老旧的 UH-1 "伊洛魁" 直升机，美国陆军展开了 "通用战术运输机系统"（UTTAS）计划，西科斯基的 YUH-60A 于 1976 年 12 月赢得了合同并定型为 UH-60 "黑鹰" 直升机。1979 年，"黑鹰" 进入美国陆军服役。

性能解析

与 UH-1 相比，UH-60 大幅提升了机舱

基本参数	
机身长度	19.76 米
机身高度	5.13 米
旋翼直径	16.36 米
乘员	2 人
空重	4819 千克
最大起飞重量	11113 千克
最大速度	357 千米 / 小时
最大航程	2220 千米
最大升限	5790 米

人员容量和货物运送能力。在大部分天气情况下，3 名机组成员中的任何一个都可以操纵飞机运送全副武装的 11 人步兵班。拆除 8 个座位后，可以运送 4 个担架。此外，还有 1 个货运挂钩可以执行外部吊运任务。UH-60 通常装有 2 挺机枪，1 具 19 联装 70 毫米火箭发射巢，还可发射 AGM-119 "企鹅" 反舰导弹和 AGM-114 "地狱火" 空对地导弹。

伊拉克战场上的 UH-60 直升机

UH-60 直升机进行编队飞行

俄罗斯米 –24 "雌鹿" 直升机

米 –24 是米里设计局研制的苏联第一代专用武装直升机。

研发历史

　　米 –24 于 1969 年首次试飞，1972 年底投入生产，1973 年正式开始装备部队使用。除了俄罗斯，米 –24 还曾出口到 30 多个国家。米 –24 参与过多次战争，尤其在阿富汗战争中更被大量使用，2004 年 12 月，波兰特遣队在伊拉克战场上也曾出动 6 架米 –24 支援美军。相较于其他直升机，米 –24 直升机拥有更多实战经验。

基本参数	
机身长度	17.5 米
机身高度	6.5 米
旋翼直径	17.3 米
乘员	3 人
空重	8500 千克
最大起飞重量	12000 千克
最大速度	335 千米 / 小时
最大航程	450 千米
最大升限	4500 米

性能解析

　　米 –24 机身为全金属半硬壳式结构，驾驶舱为纵列式布局。后座比前座高，驾驶员视野较好。主舱设有 8 个可折叠座椅，或 4 个长椅，可容纳 8 名全副武装的士兵。该机的主要武器为 1 挺 12.7 毫米 "加特林" 四管机枪，另有 4 个武器挂载点可挂载 4 枚 AT–2 "蝇拍" 反坦克导弹或 128 枚 57 毫米火箭弹。

米-24直升机侧下方特写

米-24直升机头部特写

俄罗斯米 –35 "雌鹿 E" 武装直升机

米 –35 是俄罗斯米里设计局研制的中型通用直升机，北约代号 "雌鹿 E"。

研发历史

　　米 –35 实际上是米 –24V "雌鹿 E" 直升机的出口版，而米 –24V 是米 –24 系列中产量最大的型号。米 –35 其他型号还包括：米 –35M（出口夜战版）、米 –35P（米 –24P 出口版）、米 –35U（教练机版）。其中，米 –35M 于 2004 年上半年首飞，堪称米 –35 系列中性能最优秀的一款。2015 年 12 月叙利亚北部反恐行动中发现米 –35M 已经投入实战。

基本参数	
机身长度	18.8 米
机身高度	6.5 米
旋翼直径	17.1 米
乘员	2 人
空重	8200 千克
最大起飞重量	11500 千克
最大速度	330 千米 / 小时
最大航程	500 千米
最大升限	4500 米

性能解析

　　米 –35 采用 5 片矩形桨叶旋翼，垂尾式尾斜梁，尾桨为 3 片桨叶。米 –35 可执行多种任务，突出特点是有一个可容纳 8 名人员的货舱，最大起飞重量超出米 –8 武装型一倍。武器系统包括超音速反坦克导弹、23 毫米机炮以及火箭弹、机枪和枪榴弹等。米 –35M 改装了米 –28 的旋翼、尾桨和传动系统，全机重量减轻 300 千克，发动机输出推力增大 300 千克。

米 –35 直升机进行编队飞行

米 –35 直升机头部特写

俄罗斯 BMD–2 伞兵战车

BMD–2 是苏联于 1985 年研发，1988 年正式装备空降部队的一款伞兵战车。

研发历史

BMD–1 伞兵战车被设计出来后，其优点包括速度快、行程大等。其缺点是火力不足，在面对敌方重火力攻击时，无法以更重的火力进行压制，乘员有受伤的可能。因此，苏联立马采取措施，对 BMD–1 伞兵战车的这个弱点进行改进，研发出了新型伞兵战车。这款新型伞兵战车正是 BMD–2，它于 1988 年正式亮相，之后有部分出口到其他国家。

基本参数	
长度	5.34 米
宽度	2.65 米
高度	2.04 米
重量	8.23 吨
最大速度	60 千米 / 小时
最大行程	500 千米

性能解析

BMD–2 和 BMD–1 伞兵战车整体框架是一致的，只是所采用武器不同。

BMD–2 主要武器为一门 2A42 型 30 毫米机炮，在其上方装有一具 AT–4（后期型号装备 AT–5）反坦克火箭筒（射程 500 ~ 4000 米）。辅助武器为 1 挺 7.62 毫米并列机枪，备弹 2980 发，还有 1 挺 7.62 毫米航空机枪，备弹 2980 发。载员舱侧面开有射击孔，乘员可在车内向外以轻武器射击。

BMD-2 伞兵战车侧面特写

BMD-2 伞兵战车头部特写

俄罗斯 BTR-60 轮式装甲输送车

BTR-60 装甲车是苏联在二战结束时设计生产的，主要用于人员的输送。

研发历史

　　20 世纪四五十年代，苏联先后研制了若干种轮式装甲车。如 BTR-40、BTR-152 装甲车等，但这些装甲车没有炮塔，导致火力不足，而且结构也非常简单（没有多少装甲），几乎等同于"敞篷跑车"，这对坐在里面的士兵来说，确实有不小的心理压力。20 世纪 60 年代，苏联开始研制更为先进的、用于人员输送的装甲车，而其成果便是 BTR-60 装甲车。

基本参数	
长度	7.56 米
宽度	2.83 米
高度	2.31 米
重量	10.3 吨
最大速度	80 千米 / 小时
最大行程	500 千米

性能解析

　　早期的 BTR-60 装甲车的动力为 2 台 GAZ-49B 六缸汽油发动机，单台功率为 120 马力，还设置有单人手动炮塔，武器为 1 挺 14.5 毫米 KPVT 机枪和 1 挺 7.62 毫米 PKT 机枪。之后，该车换装了 KamAZ-7403 V-8 涡轮增压柴油发动机，功率为 260 马力，从而使车载武器能够对付低速飞行的空中目标或者在城市作战中用来打击高层建筑上的目标。

俄罗斯 BTR-80 装甲车

BTR-80 是苏联设计生产的，主要用于人员的输送。

研发历史

自 BTR-40、BTR-152、BTR-60 和其他杂牌装甲车相继推出，并在战场上取得了不错的成绩后，苏联对这种类型的装甲车越来越看好，而且设计经验和制造工艺也越来越丰富。之后，苏联将之前装甲车的优点保留，去除不足，并融合当时先进技术、优良钢材和重火力武器，打造出了 BTR-80 装甲车。

基本参数	
长度	7.7 米
宽度	2.9 米
高度	2.41 米
重量	13.6 吨
最大速度	80 千米 / 小时
最大行程	600 千米

在 20 世纪 80 年代初期，考虑到阿富汗作战上的问题，苏联开始进一步发展装甲车，于 1986 年服役的 BTR-80 开始逐渐取代 BTR-60、BTR-70。

性能解析

BTR-80 装甲车的炮塔顶部可 360° 旋转，其上装有 1 挺 14.5 毫米 KPVT 大口径机枪，辅助武器为 1 挺 7.62 毫米 PKT 并列机枪。车内可携带 2 枚 9K34 或 9K38 "针" 式单兵防空导弹和 1 具 RPG-7 式反坦克火箭筒。

该车可水陆两用，水上靠车后单个喷水推进器推进，水上速度为 9 千米 / 小时。当通过高度超过 0.5 米的水墙时，可竖起通气管不让水流进入发动机内。此外，它还有防沉装置，一旦车辆在水中损坏也不会很快下沉。

在沙滩行驶的 BTR-80 装甲车

BTR-80 装甲车前侧方特写

俄罗斯 BPM-97 装甲输送车

BPM-97 是俄罗斯研制装备的一型边境警戒装甲输送车。

研发历史

BMP-97 装甲输送车于 1997 年开始研制，是专门为边境警卫研发的 4 轮驱动、4x4 轻型轮式装甲车辆。该型战车最初计划是用于更换俄罗斯边防部队服役的嘎斯 -66（Gaz-66）轻型卡车。该车现在俄罗斯边防部队服役。

性能解析

BMP-97 装甲输送车备有钢装甲的车体，提供全面的防护，可以抵御 7.62 毫米机枪子弹的射击。该车设有顶部舱口，同时车体两侧设有射击孔，供乘员作战使用。车辆还装有抗爆的 V 形底盘，用于防护受到地雷等爆炸物的冲击。BMP-97 可以配备 1 个单人炮塔，装备有 1 门 30 毫米加农炮，类似于 BTR-80A 装甲人员输送车。

基本参数	
长度	5.3 米
宽度	1.9 米
高度	2.3 米
全重	10.1 吨
最大速度	90 千米 / 小时
最大行程	1000 千米

英国"撒拉森"装甲车

　　"撒拉森"(Saracen)是由英国阿尔维斯汽车公司(Alvis)生产的 6 轮装甲车，是英国陆军的主要装备之一。

研发历史

　　二战期间，英国的装甲战斗车辆虽然款式不多，但每款的性能都较为优越，且厚实耐用，如"丘吉尔"步兵坦克、"十字军"巡航坦克和"克伦威尔"巡航坦克等。这导致二战结束后的几年里，英国在装甲战斗车这一方面裹足

基本参数	
长度	4.8 米
宽度	2.54 米
高度	2.46 米
全重	11 吨
最大速度	72 千米 / 小时
最大行程	400 千米

不前，一直沿用以前的老式车型。直至 20 世纪 50 年代初期，英军才意识到自己做的战车已经无法适应战场的需要，英军明白自己引以为傲的战车其实已经无法适应战场了。因此，英国阿尔维斯汽车公司为英军量身打造了一款装甲战斗车辆——"撒拉森"装甲车。

性能解析

　　"撒拉森"装甲车是阿尔维斯汽车公司生产的 FV 600 系列装甲车之一，为 6×6 轮式设计。该车装有劳斯莱斯 B80 Mk.6A 8 汽缸汽油发动机，装甲厚 16 毫米，连同驾驶员和车长共可载 11 人，车体上装有小型旋转炮塔，炮塔上有 1 挺 L3A4（M1919）同轴机枪，另有 1 挺用于平射及防空的布伦轻机枪。

法国 VBL 装甲车

VBL 是法国自制的一种军用机动车，有轻装甲能力，在战场上担任的角色类似于美军"悍马"车。

研发历史

20 世纪 80 年代，世界各大军事强国都在想方设法地壮大自己的武装力量，法国也不例外。80 年代中期，法国军方提出了要用新型步兵车辆取代老旧同类载具的要求。之后，法国相关部门制定了 VBL 专案，开始研发设计一种新型、符合军方要求的步兵车辆。之后，80 年代末期，VBL 装甲车完成设计，其后样车也通过测试，并于 90 年代开始量产，也向外销。

基本参数	
长度	3.8 米
宽度	2.02 米
高度	1.7 米
全重	3.5 吨
最大速度	95 千米 / 小时
最大行程	600 千米

性能解析

VBL 装甲车车顶上安装有可 360° 回旋的枪架和枪盾设置，能安装多种轻 / 重机枪（如 FN Minimi 轻机枪、勃朗宁 M2 重机枪等）。该车虽然有装甲，但是重量不到 4 吨，具有很强的战略机动性，此外，它的体积也很小，便于空运。

法国 "艾瑞维斯" 多用途装甲车

"艾瑞维斯" 多用途装甲车是一种 4×4 轮式装甲车，由法国著名的奈克斯特公司生产。

研发历史

"艾瑞维斯" 多用途装甲车在 2008 年的萨托利防务展上首次亮相，引起了外界广泛关注。2009 年，"艾瑞维斯" 装备法国陆军并被部署到阿富汗战场。由于 "艾瑞维斯" 转向半径较小，所以特别适用于城市狭窄的街道以及路面状况较差的山区。

基本参数	
长度	6 米
宽度	2.5 米
高度	2.5 米
全重	12.5 吨
最高速度	120 千米 / 小时
最大行程	750 千米

性能解析

"艾瑞维斯" 装甲车是介于重型和轻型装甲装备之间的一种性能优良的装甲车。"艾瑞维斯" 的防护性能优良，具有 4 级防护水平，既为车上的全体成员提供了生命保障，同时又具有快速的战场灵活性和攻击力，被认为是当今世界上性能最好的装甲战车之一，备受法国以及国外士兵的青睐。除此之外，"艾瑞维斯" 身兼多种功能，如指挥控制车、救援车、护送警卫车等，是士兵的贴身卫士。

以色列"狼"式装甲车

"狼"式多用途装甲车是拉法尔武器研究所专为以色列国防军研制的装甲车。

研发历史

　　"狼"式多用途装甲车是拉法尔武器研究所专为以色列国防军在约旦河西岸执行快速机动任务研制的，可扮演人员输送车、指挥控制车、战场急救车和后勤支援车等多种角色。

性能解析

基本参数	
长度	5.75 米
宽度	2.38 米
高度	2.35 米
全重	8 吨
乘员	5 人
最大行程	1000 千米

　　"狼"式多用途装甲车的防护性能相当出色，其模块式装甲组件能够为乘员舱（包括车底、车顶、侧面、后部及车窗）、动力装置和车轮提供全方位的防护，其中，车窗除采用新型防弹玻璃外，还特别安装了一层格栅式防护罩，以确保防护性能。

以色列"沙猫"装甲车

"沙猫"(Sand Cat)是以色列 Plasan/ 美国 Oshkosh 公司设计的一款装甲车。

研发历史

　　"沙猫"是以色列 Plasan 公司由福特 F-450 系列商用卡车底盘改装而来的，适用于轻度战争区域。2006 年，"沙猫"装甲车首次在中美洲卡车展上公开亮相；2007 年，Plasan 公司推出了"沙猫"plus 升级版加强核生化防护和灭火装置；2008 年，美国 Oshkosh 公司获授权，也开始生产"沙猫"。阿富汗战场上也常出现"沙猫"的身影。

基本参数	
宽度	2 米
乘员	4 ~ 8 人
最大速度	130 千米 / 小时
装甲类型	模块化装甲
主要武器	控机枪塔
原产国	以色列

性能解析

　　"沙猫"装甲车动力系统采用 6.4 升 V8 型涡轮增压柴油发动机，输出功率可达 261 千瓦。此外，该车还融合了美国 Oshkosh 公司最先进的军用车辆技术和以色列 Plasan 公司先进符合金属陶瓷装甲材料技术，使得该车在具有高机动性的同时，还拥有乘员的高防护性，其设计特点符合目前维和任务和国土安全保障（HLS）任务需求，可以装备到世界任何国家的作战部队和警察部门。

"沙猫"装甲车侧面特写

在山地上行驶的"沙猫"装甲车

德国 "澳洲野犬 2" 装甲车

"澳洲野犬 2" 是德国克劳斯 – 玛菲·威格曼公司生产的 "澳洲野犬" 系列
装甲车的最新车型。

研发历史

"澳洲野犬" 全防护车由德国克劳斯 – 玛
菲·威格曼公司设计生产，"澳洲野犬 2" 是
"澳洲野犬" 的改进型，能够承受恶劣的路况、
机枪扫射、小型反坦克武器的攻击以及通过大
规模杀伤性武器防护测试认证。"澳洲野犬 2"

基本参数	
长度	6.8 米
宽度	2.3 米
高度	2.5 米
全重	11.9 吨
最大速度	90 千米 / 小时
最大行程	1000 千米

目前被部署到驻扎在阿富汗的德军部队中，有数据表明，"澳洲野犬 2" 的设计
十分适合复杂的阿富汗战场。

性能解析

由于载荷和内部空间得到提高，相比 "澳洲野犬"，"澳洲野犬 2" 能够执
行更多任务，目前已开发出人员输送车、救护车、货车、指挥控制车、防空车
和前线观察车共 6 种车型。作为前线观察车时，"澳洲野犬 2" 可安装可伸缩桅杆，
桅杆上安装有传感组件、白光 / 热成像观察设备和护眼型激光测距仪等设备。

德国"拳击手"装甲运兵车

"拳击手"是由德国克劳斯 – 玛菲·威格曼公司研制的一种轮式装甲运兵车。

研发历史

1990 年 2 月，德国提出了一种新型多用途轮式装甲车战术概念。由于经费不足，德国寻求与其他国家合作研制。起初没得到什么反馈，德国只好自己先投入研制工作。直到 1999 年 11 月和 2001 年 2 月，英国和荷兰才加入德国的合作研制计划，但 3 国对联合研制计划的命名却各有不同。2002 年 12 月，位于德国慕尼黑的克劳斯 – 玛菲·威格曼公司研制出第一辆原型车。欧洲武器联合采购组织为表达欧洲大一统愿望，为这种新型的轮式装甲车命名"拳击手"（Boxer）。

基本参数	
长度	7.88 米
宽度	2.99 米
高度	2.37 米
全重	33 吨
最大速度	103 千米 / 小时
最大行程	1000 千米

性能解析

"拳击手"是一种模块化车辆，带有可互换模块。"拳击手"车体保持不变，后车厢则被分成一组一组的模块，通过调整模块，可完成不同用途，包括步兵输送车、指挥车、救护车和后勤补给车等。而更换模块仅用一小时就可以完成。在野外条件下，"拳击手"损坏的装甲板材可被轻松更换。此外，该装甲运兵车具有低雷达特征，使其难以被雷达搜寻到。

德国 SdKfz 251 半履带式装甲输送车

　　SdKfz 251 是德国二战时期研发的一款半履带装甲车，几乎参加了二战中后期所有重大战斗。

研发历史

　　1939 年，德军方面表示需要一种可搭载 10 人以上、自带有轻重火力和防护装甲的战车，以提高侦察部队的作战能力，并保护步兵的行进安全。为此，德军汉诺马格公司以 3tHLKL6 型半履带装甲车的底盘为基础，推出了一款全新 SdKfz 251 半履带装甲车。

基本参数	
长度	5.80 米
宽度	2.10 米
高度	1.75 米
全重	7.81 吨
最大速度	52.5 千米 / 小时
最大行程	300 千米

性能解析

　　SdKfz 251 半履带装甲车采用了当时不多见的半履带传送运动方式，以增加在恶劣地形下的越野能力，并能运载 12 名步兵。SdKfz 251 半履带装甲车的半履带结构使维修和保养比较复杂，也大大增加了非战斗损耗，公路上的行进效果比不上轮式车辆，泥泞等复杂地形又不如坦克，而且其前轮不具备动力，也无刹车功能，只负责转向导向。

瑞士"食人鱼"装甲车

"食人鱼"装甲车是瑞士莫瓦格（Mowag）公司制造的轮式系列装甲车。

研发历史

瑞士是个永久中立的国家，但国防建设从未放松过，武器装备技术也一直不落伍。不过从一战结束到二战结束，瑞士的装甲车全是外国货。直到20世纪50年代初，瑞士才开始设计自己的坦克装甲车辆。"食人鱼"装甲车一出，便得到了各国军方的青睐。该装甲车除了车型多样、技术先进外，最主要的特点就是它可水陆两用。

基本参数	
长度	4.6米
宽度	2.3米
高度	1.9米
全重	3吨
最大速度	100千米/小时
最大行程	450千米

性能解析

"食人鱼"安装了底特律6V53TA柴油机。乘员可利用中央轮胎压力调节系统，依据车辆路面行驶状况调节轮胎压力。车内有预警信号装置，当车辆行驶速度超过所选择轮胎压力极限时，预警信号装置便发出报警信号。该车有多个驱动系统，即使地雷炸坏了一个驱动分系统，车辆也能继续行驶。

"食人鱼"装甲车在公路上行驶

"食人鱼"装甲车在沙滩上行驶

南非"山猫"装甲车

"山猫"是由南非设计装备南非陆军轮式装甲战斗的车辆。

研发历史

"山猫"是专为作战侦察、寻找和摧毁行动设计的装甲车，1990 年后，"山猫"的改进由 Reumech OMC 公司负责并将其推向国际市场，后来 Reumech OMC 被维克斯收购成为维克斯 OMC，并在 2002 年 9 月更名为阿尔维斯 OMC（Alvis OMC），而阿尔维斯 OMC 现已成为 BAE 系统公司地面系统的一部分。

基本参数	
长度	7.1 米
宽度	2.9 米
高度	2.6 米
全重	28 吨
最高速度	120 千米 / 小时
最大行程	1000 千米

性能解析

"山猫"装甲车的车体和炮塔为装甲钢全焊接结构，其正面可防御口径 23 毫米以下的穿甲弹。车底的防反坦克地雷的能力也比较强。车体两侧二、三轴之间各有一个安全门，可使乘员隐蔽地离开车辆。"山猫"装甲车的火控系统在轮式战车中是较先进的，为数字式火控系统，由弹道计算机、激光测距仪、火炮电动驱动系统和稳定系统及各种传感器组成。"山猫"具有夜间作战的能力。

澳大利亚 "大毒蛇" 装甲车

"大毒蛇" 装甲车是由澳大利亚防务工业公司研制的高机动装甲车。

研发历史

"大毒蛇" 是澳大利亚国防部在其为陆军制订的 "丛林流浪者" (Bushranger) 第二阶段发展计划下的产物，主要有两种基本型号：人员运输型（标准型）和通用型。该车目前正装备澳大利亚、荷兰和其他北约盟国军队，部署在伊拉克和阿富汗地区。

基本参数	
全重	14 吨
最高速度	90 千米 / 小时
最大行程	800 千米

性能解析

"大毒蛇" 装甲输送车的车体为钢装甲全焊接结构，能防护反坦克地雷、防步兵地雷以及 5.56 毫米和 7.62 毫米普通枪弹的攻击。防弹玻璃可以提供同钢装甲同样的防护能力。车体底甲板的 V 形结构以及将水箱布置在车体底部，可以有效地提高对地雷的防护能力。"大毒蛇" 装甲输送车的附属设备有：独立式空调系统，保证乘（载）员在高温条件下有长时间作战的能力。

参考文献

[1] 迈克·瑞安. 世界反恐特战队 [M]. 北京：中国市场出版社，2014.

[2] 克劳福德. 战争中的 SAS：英国特种部队在行动 [M]. 北京：中国市场出版社，2012.

[3] 勒罗伊·汤普森. 全球反恐手册：特种部队使用指南 [M]. 上海：上海远东出版社，2014.

[4] 高玉国. 图说反恐：特种部队装备 [M]. 北京：国防工业出版社，2007.

现代兵器百科图鉴系列

海战武器大百科（图鉴版）

狙击步枪大百科（图鉴版）

陆军重器大百科（图鉴版）

手枪·冲锋枪大百科（图鉴版）

坦克与装甲车大百科（图鉴版）

特殊武器大百科（图鉴版）

特战装备大百科（图鉴版）

突击步枪大百科（图鉴版）

现代潜艇大百科（图鉴版）

现代枪械大百科（图鉴版）

现代战机大百科（图鉴版）

现代战舰大百科（图鉴版）

世界武器鉴赏系列 ⌖

现代舰船 鉴赏指南（珍藏版）（第2版）

现代飞机 鉴赏指南（珍藏版）

现代战机 鉴赏指南（珍藏版）（第2版）

单兵武器 鉴赏指南（珍藏版）

世界手枪 鉴赏指南（珍藏版）（第2版）

世界名枪 鉴赏指南（珍藏版）（第2版）

美国海军武器 鉴赏指南（珍藏版）（第2版）

二战尖端武器 鉴赏指南（珍藏版）（第2版）

特种作战装备 鉴赏指南（珍藏版）（第2版）

早期经典战机 鉴赏指南（珍藏版）（第2版）

坦克与装甲车 鉴赏指南（珍藏版）（第2版）

空战武器 鉴赏指南

陆战武器 鉴赏指南（珍藏版）

无人装备 鉴赏指南（珍藏版）（第2版）

特殊武器 鉴赏指南（珍藏版）

海战武器 鉴赏指南（珍藏版）